JN186659

「救世の主役」を目指して

実践教学概論（下）

黒川白雲
Hakuun Kurokawa

まえがき

本書は、ハッピー・サイエンス・ユニバーシティ（以下、ＨＳＵ）人間幸福学部専門科目の「幸福の科学実践教学概論」の参考テキストの下巻になります。

上巻（『救世の時代　来たれり』）では、「救世」の理念を学ぶとともに、立宗以来の大川隆法総裁先生や教団の不惜身命（ふしゃくしんみょう）の救世運動の軌跡、まさしく〝戦いの連続〟とも言える教団史を綴（つづ）ってまいりました。同時代を経験していない若い信者の皆さまにとっても、当時の情熱を追体験するとともに、「幸福の科学の信者である」ことに自信と誇りを感じていただける内容となったのではないかと思います。

下巻では、これから「救世の主役」にならんとする未来の菩薩達に向け、その目指すところの「幸福の科学の三大革命」と「伝道の心構えと基本動作」を系統立てて述べてまいります。「革命」や「伝道」というと、〝何か特別な人が、特別なことをしなければならない〟と身構えてしまう方も多いかもしれませんが、本書を読めば、「伝道とは実は、信仰ある人間として当然の行為なのだ。自分にもできる、日々の愛の実践なのだ」とご理解いただけることと存じます。

ＨＳＵの人間幸福学部では、幅広い教学を学んでまいりますが、幸福の科学教学は実践してこそ力を持ちます。実践して初めて、多くの人びとを幸福にし、自らもまた、「仏の子」としての魂の光彩を放つことができるのです。本書が、その本格的実践の端緒となることを切に願う次第です。

伝道とは仏の智慧と大悲を限りなく押し広げていくことでもあります。私たちに日々、大いなる智慧と慈悲をお授けくださり、人類の希望の未来を拓いてくださっておられます、ＨＳＵ創立者・幸福の科学グループ創始者にしてワールド・ティーチャー（世界教師）であられる大川隆法総裁先生に心より感謝申し上げます。

2016年8月25日

ハッピー・サイエンス・ユニバーシティ
バイス・プリンシパル 兼 人間幸福学部ディーン　黒川白雲

もくじ

HAPPY SCIENCE

もくじ

第5章 伝道実践論② 基本動作　197

第6章 世界伝道と世界同時革命　269

※文中、特に著者名を明記していない書籍については、原則、大川隆法著となります。

第1章

三大革命①

霊性革命

1. 三大革命と社会変革

幸福の科学は「三大革命」を起こそうとしている

幸福の科学の教えには、地球をユートピアにしていくための「革命思想」があります。「革命」といっても、暴力的な革命ではなく、精神的な革命です。

大川総裁は著書『正義の法』において、「**神のいちばんの願いは、もちろん、できれば一人残らず、多くの人たちが幸福に暮らせるようになることだ**」と明かされています。その方向性としては「**個人が『神の子・仏の子としての自覚』を持てる方向で、いろいろな自己実現に向かって進めるということが、『正義』と考えてよい**」（前掲書、324、178-179ページ）という判断基準が示されています。

私たちは、この「**神のいちばんの願い**」を地上で実現するために「三大革命」を起こそうとしているのです。

ここで、「三大革命」とは何かについて見てみましょう。

大川総裁の次男である大川真輝・幸福の科学専務理事 兼 事務局長（2016年8月時点）は、著書『正しき革命の実現』にてこう説明しています。

二〇〇九年以来、幸福の科学グループ全体としては、「三つの革命」というものを同時に行っている状況です。（中略）

その一つは、「霊性革命」に当たる部分です。（中略）

「私たち人間の本質は、肉体ではなく、魂である。そして、魂を本質とする私たちは転生輪廻（てんしょうりんね）をし、この地上に生まれてきている。また、この世を去った世界には神仏と呼ばれる存在がいらっしゃり、私たち人間一人ひとりは神仏からミッションを受けてこの地上に降り立ち、生まれている」というような「目に見えない

世界の真実」を、まずは伝えていくこと。（中略）

また、二〇〇九年以降は、「政治革命」という運動も、それまで以上に強く打ち出しているような状況にあります。（中略）

二〇〇九年には、より目に見えるかたちで政治的な力を持つ団体として、「幸福実現党」というものを立ち上げ、今年で七年になりました。国防への危機感、中国の軍拡や北朝鮮のミサイル発射に対し、十分に対応できない政府を見て、「このままでは日本で生きる人々の幸福や生命の安全を護れない」という危機感がその出発点としてある立党でした。（中略）

そして、三つ目が「教育革命」です。（中略）

本来であれば、個人としての人格が固まり切る前の段階、小学校、中学校、高校のあたりの段階で、ずばり幸福の科学の教えでなくても構わないので、最低限の宗教的な真理の部分は知っておく必要があります。

例えば、「世の中に神仏というものは存在している」「人間は転生輪廻というものを繰り返している神の子・仏の子なのだ」「宗教というものは悪いものではなく、よいものなのだ。正しさを伝え、人々を導く羅針盤（らしんばん）なのだ」といった宗教的素養は、幼少期、少年期、青年期において養っていかなければいけないところがあるのです。

今、挙げた、「霊性革命」「政治革命」「教育革命」の三つの革命は、どれか一つだけでは社会変革をするには不十分であり、すべて同時に行っていくことが「ユートピア建設」のためには大切であると考えているのが、今の幸福の科学の立場です。

『正しき革命の実現』19－23ページ

「三大革命」とは、「霊性革命」「政治革命」「教育革命」の三つを指します。そして、その核となるのが、本章で学ぶ「霊性革命」です。

日本は、戦後、宗教を軽んじ、軽蔑し、無神論や唯物論のはびこる事実上の社会主義国家として生きてきましたが、この国に、一本、精神的な主柱を通して、「宗教心を持った人が、立派になって、世の人々を導いていくような、宗教心溢れる国」につくり変えていくことこそが、むしろ、新しい時代の精神革命であると私は思うのです。

『宗教立国の精神』263ページ

幸福の科学は30年にわたって救世運動を進めてきましたが、現代の宗教を軽んじる〝常識〟は根強く、まだまだ「霊性革命」を成就しているとはいえません。

しかし、2013年1月に「ガイアの霊言」(※)を収録された際、大川総裁は、「**この十年以内に、霊性革命は起きる。したがって、各自努力されよ**」と語られました(『太陽に恋をして』105ページ)。

〝湖の氷〟が割れ、一気に常識が逆転する日は、確実に近づいています。それを信じ、私たちはそれぞれの立場で淡々と努力していくべきです。

本書の前半（第1章～第3章）では、「幸福の科学でとり組んでいる三大革命とは何か」について学びます。

※ガイア……地球系霊団の至高神、エル・カンターレの本体（本仏）が3億数千万年前に、初めて「アルファ」という名で地上に下生（げしょう）した際、その妻であった女神の名。

革命の時代

近年、日本では津波や地震、火山の噴火などの天変地異が多発しています。

幸福の科学はこれまで、『熊本震度7の神意と警告』『広島大水害と御嶽山（おんたけさん）噴火に天意はあるか』ほか大災害の原因を探るリーディングを行い、「天災は、神々からの警告なのだ」ということをくり返し訴えてきました。

天罰というのは、昔から言われていることですから、実際にあるし、これは、実は、革命思想とつながっているものです。

つまり、革命思想というのは、「天変地異をはじめ、食料危機、水の危機、大火事など、少し普通ではない事態が起きるときは、天意が変わったときであり、天は革命を欲している」という考えであって、そうした尋常ではない事態は、「新しい指導者よ、出てきなさい！」ということを示していることが多いんですよ。

近年、日本では、阪神・淡路大震災と東日本大震災が起き、さらに、外国からの侵略の危機も起きていますが、これは、もう、革命思想が到来しなければいけないときです。天意として、「改革者よ、現れなさい！」ということを教えているのでしょう。

『政治革命家・大川隆法』122－123ページ

幕末には安政の大地震が起こり、その後、明治維新が起こっています。「日本を守りなさい。江戸幕府を終わりにしなさい」という天意が下ったのです。

昨今の日本では特に、左翼的な政権が現れたときに大規模な震災が起こりました。社会党（現・社民党）と自民党が連立していた村山政権のときには阪神・淡路大震災（1995年）が、民主党（現・民進党）の菅政権下では東日本大震災（2011年）が起こりました。2016年4月に起きた熊本地震は、安倍政権が「戦後七十年談話」を発表するなど、自虐史観的な外交の流れの中での出来事でした。

こうした時代背景を見ても、「今こそ革命のときである」ということは間違いないと思います。

悪魔の側も〝政治革命〟〝宗教革命〟を画策している

私たちは、神仏の声を敬い、その理想を実現できる国を目指していますが、『大川隆法の守護霊霊言』において、大川総裁の守護霊である釈尊は、こう語られています。

大川隆法守護霊　今、あなたがたは、二重の革命をやろうとしている。その第一の革命が、「宗教革命」であり、別な言葉で言えば、「霊性革命」である。日本人の多くは、先の大戦において敗戦を経験したことにより、信仰心を失ってしまい、唯物論的繁栄に走っている。

こうした日本人に対し、もう一度、正しい信仰心を取り戻させ、「霊的世界を信じ、神仏の存在を信じなければ、人間として価値ある生き方はできない」ということを分からせるという意味での「宗教革命」「霊性革命」が第一段にある。
ただ、それがまだ終わっていない段階で、第二段階である「政治革命」を起こそうとしているので、今、同時に二つの革命が進行している。

『大川隆法の守護霊霊言』83-84ページ

このように、私たちは「二重の革命」により国を変えようとしています。さらに、その背景には、次のようなことが挙げられています。

大川隆法守護霊　宗教的な意味における面で、一定の理念を国民、あるいは他国も含めて浸透させていく、イデオロギー的な戦いは、共産主義の革命においても行われた。

まあ、それは、かたちを変えた「宗教的なもの」であったのかもしれないが、悪魔がつくった宗教だ。悪魔がつくった宗教が、政治的に共産主義として現れている。
つまり、彼らは、宗教運動と政治運動を同時に行っている。「悪魔の思想を広げる」という運動と、「共産主義制度に近い政治活動をする」ということと、この二つを悪魔の側もやっている。

『大川隆法の守護霊霊言』105-106ページ

ここでいう共産主義とは、唯物論的共産主義を指し、日本国内における左翼的潮流も含まれます。

悪魔の側も「宗教」と「政治」の両面から「二重の革命」を起こそうとしているからこそ、神仏の側の革命も、宗教的側面と政治的側面の両輪でなければなりません。悪魔による唯物論が支配する世界づくりを食い止めねばならないのです。

上巻『救世の時代 来たれり』の第2章でも述べましたが、大川総裁が日本を選んでお生まれになった理由として、「白人による植民地支配の歴史の修正」「共産主義との戦いとイスラム圏の改革」が挙げられています（前掲書、107-108ページ）。この「共産主義との戦い」に勝利するには、神々の思いが地上にあらわれる国にしていくことが不可欠です。

P・F・ドラッカーは、「非営利組織も成果を中心に据えなければならない」ということを述べていますが（P・F・ドラッカー著『非営利組織の経営』第Ⅰ部第5章参照）、宗教にも「成果」が必要です。

宗教の最終成果は、社会変革の実現です。

伝道を推し進め、信仰を押し広げていくことはもちろん大事ですけれども、それだけではなく、「宗教的真理に基づいた国づくりを成し遂げ、それを世界に広げていく」ところまでが、私たちの使命であるのです。

2. 霊言による霊性革命

「あの世の存在証明」をする

さて、ここから、「霊性革命」について詳しく見ていきましょう。

2009年ごろから大川総裁はかなりのスピードで霊言を公開収録され、発刊されています。その収録回数は600回を超えます（2016年8月時点）。2010年には、年間書籍発刊数がギネス世界記録に認定されました。

「これだけ数多くの霊言を出せる」ということは、すなわち、「現代の『常識』に対して、戦いを挑んでいる」ということです。「これを『本物』と思うか、『偽

物』と思うか」という問いを突きつけているわけです。

『忍耐の法』327ページ

幸福の科学は霊言から始まった宗教でもあり、1990年以前も霊言集を多数発刊していましたが、「だれかが代筆しているのではないか」と疑う人もいました。

しかし、2010年以降の霊言は公開されており、幸福の科学の支部に行けば収録映像を観ることができますし、書店で手にとることもできます。早いときには、収録した翌日に書店に並ぶこともあります。つまり、霊言に手を加えることは不可能であり、大川総裁が本当に霊言現象を行っているという証明にもなるのです。事実、公開霊言以降、マスコミなどによる〝ゴーストライター説〟などの批判はぴたりと止まりました。

透明性、スピードだけではありません。一冊一冊に高度な教えがあることや、

2010年以降書店で発刊された霊言シリーズは400書を超える。

霊人の個性が明確に出ていることを見れば、これらの霊言がつくりものであるというのは絶対にありえないことです。大手新聞などに日々、霊言集の広告が掲載されているのを見れば、社会的にも一定の信用があることが分かります。左翼的な報道がなされがちな新聞にも、広告が掲載されています。

今、大川総裁は一つの「権威」を立ててあるべき考え方、正しさとは何かということを提示しているのです。

公開霊言収録中の様子。演題は収録直前に決まることが多く、収録は衆人環視の中行われる。もちろん、原稿もない。

今、日本では、一つの革命が進行しつつあります。それは、霊言集を数多く出すことによって進んでいる革命です。

「あの世の世界がある」ということについては、過去、さまざまなかたちで、その一部を世の中に示すことができた人は大勢いましたし、そういうことを成し遂げた宗教も数多くあります。

しかし、今、私が幸福の科学を中心として行っていることは、徹底的なる「あの世の存在の証明」です。

「あの世があることを信じさせることができたとしても、いまだかつて、あの世があることを証明できた人はいない」と言われています。私たちは、今、その証明に取り掛かっているのです。

私は、この三年余りで百数十冊以上の霊言集を次々と発刊しましたが（編著者注：2012年時点）、その内容は個性においても考え方においてもさまざまです。そのなかには、もちろん、偉人の霊言もあれば、生きている人の守護霊の霊言もあります。最近では地獄霊の霊言を出すこともあります。（中略）

これは、日本における「精神革命」です。それと同時に、私は、前述した「無神論国家」対「信仰ある国家」の戦いを、実際の戦争を通さずして終わらせようとしているのです。

つまり、「神、そして、神を支える高級諸霊や天使たちが存在し、この世を超えた世界から、地球に生きる人々を見守っている」という人生観を受け入れる国家や国民と、そうでない国家や国民の、どちらが正しいのか。この結論を出すこと

によって、今ある世界の紛争の半分は未来永劫なくなります。

『未来の法』217-219ページ

これが、霊言の意義です。霊言を信じる人を一定数以上まで増やし、常識を逆転させ、「信仰ある国家」を築くことが「霊性革命」のねらいです。

現代文明は、「あの世などない。神などいない」という無神論を前提とした〝科学万能主義〟が主流になっています。この唯物論の土台を突き崩すのが、「霊言によるあの世の証明」です。霊言には、無神論を終わらせ、新しい地球世紀をつくるという大きな意味があるのです。

霊界の真実を伝える

霊言にはほかにも、いくつかの役割があります。一つは、「あの世があるとはどういうことか」を分かりやすく伝えることです。

世の中には、「霊的存在や霊界について教えてほしい」というニーズ自体は、やはり、いつの時代にもあり続けると感じています。

そこで、新しい信者層を惹きつけつつ、彼らが霊界に関心を持ち、自分自身の心の探究をしていくためにも、今、再び霊言集を出しているのです。

『エル・カンターレ信仰とは何か』12ページ

私は、別に霊言を出さなくても、自分の本は書けます。それでもあえて霊言を出しているのは、本当に救いのためであって、あなたがたに知ってほしいからなのです。「霊という言葉があるから怖い」「霊言という言葉が怖い」「これだけは隠してくれればいいのに」と思うのは分かるのですが、真実を知らずに〝飢え死に〟する人もいますから、無理矢理でも口を開けて押し込む、あるいは点滴でも打ち込まないといけない部分はあります。これが霊言なのです。

「霊言シリーズ２００冊発刊の意味（後編）」「ザ・リバティ」通巻２２７号：２０１４年１月号

上巻でも触れましたが、あの世のことを知らずに死ぬのは大変なことです。霊言を通じて、あの世の実態を知ることは大いなる救いでもあるのです。

幸福の科学の霊言の特徴

霊言とは、幸福の科学特有のものではなく、古今東西の宗教で見られる現象です。イスラム教は、ムハンマドが霊言によってアッラーの言葉を語ったところから始まっています。また、1848年ごろから起こったスピリチュアリズムの流れでも、『シルバー・バーチの霊訓』などのスピリチュアル・メッセージが一つの潮流となり、世界的に注目されました。

しかし、幸福の科学の霊言には、ほかにはない特徴があります。

①専門的な考え方を学べる

霊言はさまざまな分野で一流の人物やその守護霊を招霊して行うため、宗教、政治、経済、経営、哲学、芸能、文学、古代文明、科学などといった、あらゆる分野の考え方を学ぶことができます。中には、大川総裁の考えとは違うものもありますが、それも霊界の存在証明のために霊人の個性としてそのまま公開されています。

私は、数多くの書籍を出していますが、それぞれに専門性があり、なかには難しいものもあると思います。個人個人の興味関心から見れば、「この本は少し難しい」「これは分かる」といったものもあるかと思いますが、今、さまざまな方面に〝球〟を投げて、これまで宗教に縁のなかった人たちに、縁を付けているところなのです。

「不滅なるものの正体とは」月刊「幸福の科学」通巻307号：2012年9月号

②　他宗教と比べた霊言の卓越性

たとえば、幸福の科学の霊言とイスラム教の啓示を比較した場合、大きくわけて二つの違いがあります。

一つ目は、霊言中、ムハンマドは〝失神状態〟で話していたのにくらべ、大川総裁は御自身の意識がはっきりしているということです。

そのため、ムハンマドは、自身の語る霊言の中に「祟り神」的な存在の声も混じっていたことを精査できなかったのに対し、大川総裁は霊査もされています。自身が霊言をしながらそれを客観的に聴き、さらに審神者（霊人が語った内容について、その正否や真意を解釈して判断を下せる者）の役割もしています（『素顔の大川隆法』30-31ページ参照）。

二つ目は、呼び出せる霊人の層の違いです。ムハンマドは神から直接霊示を受けられず、通信役の天使（ガブリエル）を通していました。霊媒となる人の霊格が霊示を降ろす神よりも低い場合、原則として、直接降ろすことはできないからです。

さらに、ムハンマドに霊言を送っていたのは40名くらいの天使団だったのに対し

（『死んでから困らない生き方』128ページ参照）、大川総裁は、「あらゆる霊存在」を直接呼び出すことができます。


私は、どのような神や高級霊、天使でも呼び出すことができます。普通は、こういうことはありえないので、創作であるか、嘘をついているということになるのでしょう。しかし、私が呼べば、実際に、キリスト教であろうが、日本神道であろうが、仏教であろうが、呼ばれた霊人は出てきて、話をしなければいけません。

私は宗派を超えて霊示を下ろせるのです。

それが、当会の教えにある「エル・カンターレの位置づけ」です。

すなわち、私は彼らの「マスター」であり、彼らを指導する立場にあるのです。いろいろなところで「神」と呼ばれている高級霊たちの「先生」が私なのです。

だからこそ、私が呼べば、みな出てきて、意見を述べなければいけないわけです。

そういうことになっているのです。

したがって、論理必然的に幸福の科学は世界宗教にならなくてはいけません。
世界の宗教を一つにまとめる使命があるのです。

『君よ、涙の谷を渡れ。』39－40ページ

さらに大川総裁は、天使や悪魔だけでなく、生きている人の守護霊や、宇宙人の霊を呼び出すこともできます。

これらは、神から言葉を預かる者（預言者）と、そうした救世運動を指導する側の者（大救世主）との悟りの違いです。幸福の科学の霊言を通して私たちは、かつて人類が目撃したことのない巨大な霊能力を目の当たりにしているのです。

「霊言」のさまざまな影響力

① 未来が視(み)える

マスコミによって大きく報道されているわけではありませんが、霊言は、社会に大きな波及効果をもたらしています。まず大きいのは、霊言の予言的な力です。

たとえば、2008年にアメリカのオバマ大統領が就任した翌日、オバマ大統領守護霊の霊言が収録されると、オバマ大統領の過去世はアメリカ人に滅ぼされたネイティブ・アメリカンであり、アメリカへの恨み心があることが分かりました。そして、富裕層から税金をとって貧しい人にお金をまくということや、「アメリカは『世界の警察』ではなくなる」などという発言をしていました（『バラク・オバマのスピリチュアル・メッセージ』所収）。

その後数年間でアメリカでは、高所得者への課税強化や、低所得者の加入を推進する医療保険制度改革などが行われました。さらに、２０１３年9月10日のテレビ演説でオバマ大統領は、「アメリカは世界の警察官ではないとの考えに同意する」と述べています。

また、中国の国家主席に就任する2年前には、習近平守護霊霊言が収録され、彼は過去、チンギス・ハンとして転生しており、全体主義的で拡張欲のある危険人物であることが看破されていました（『世界皇帝をめざす男』所収）。当時の常識的な評価とは真逆でしたが、就任後、習近平の指導する中国は全体主義的な統制色を強め、国内では要人を次々と刑務所送りにし、対外的には南シナ海などで侵略行為を起こしています。習近平氏の実像は霊言通りだったことが明らかになりました。

② 現政権に影響を与える

2012年初に収録された白川元日銀総裁の守護霊霊言（『日銀総裁とのスピリチュアル対話』所収）は政府関係者、経済学者に広く読まれたこともあり、しぶっていた日本銀行の金融緩和を実現させました。また、2013年に『「特定秘密保護法」をどう考えるべきか』が発刊されると、その直後に関連法案が可決されています。

かつてなかったことですが、幸福の科学が出している霊言集等によって、この国の政治や外交、経済等が動き始めていますし、また、外国も動きつつあります。それぞれが過敏に反応し始めているので、意外と、世界で同時に「静かなる革命」が進行しつつあるのです。

まさに、これは「静かなる革命」です。

もちろん、インドやスリランカやネパールなどで、「仏陀再誕」の事実が受け入れられたからといって、それぞれの国の体制が大きく変わるわけではないかもしれません。

しかし、お隣の中国など、国によっては、「仏陀再誕」の事実が本当に認められてしまったら、それだけで、国の体制そのものがガラッと変わってしまう可能性があります。その国の政府にとって、そういう怖さはあるのです。武器一つ使わず、弾一つ使わずに、国の体制が変わってしまい、「無神論国家・唯物論国家」が、「神を信じる国家・仏を信じる国家」に変わってしまう可能性があるわけです。

（中略）

私たちは、「『核ミサイル』に対して『言葉』で戦う」という戦い方をしています。今の時代において、私の言葉を翻訳し、発刊し、世界に出すことによって、「言論の力がどれほど強いか。どれほど大きな力を持っているか」ということをお見せしているところです。

「不滅なるものの正体とは」月刊「幸福の科学」通巻307号：2012年9月号

神々の言葉や霊言には、国体を変えるほどの力があるのです。この「静かなる革命」が、平和的に唯物論国家を突き崩し始めています。

③二次マーケットを生む

2016年1月、『天才』(幻冬舎)という書籍が発刊されました。これは、石原慎太郎が、故・田中角栄元首相になり切って自伝風に書いたもので、霊言を真似したかたちでした。実際に初版の帯では「霊言」という言葉が使われていました。もちろんその内容は霊言ではなく創作(フィクション)にすぎません。しかし、霊言はこのような二次マーケットを数多く生んでいます。

いろいろなところに影響は出ています。今朝も、新聞にチェックしたのでリビングに来ていた、最近の新着の本を見たら、『未来は言葉でつくられる』(ダイヤモンド社刊)などという本が出ていました(会場笑)。(中略)

これは、どこかで聞いたような言葉ですよね。私は、「私の言葉の上に未来が築かれる」と何回も言っているのですけれども、「未来は言葉でつくられる」というものが本の題になっているのですから、そうとう読んでいるということでしょうね。「あれ?」って、こちらがびっくりするようなものが出ているのです。

やっぱり、そういう意味での追随というか、二次マーケットが外側にできてきているように思いますね。

『大川総裁の読書力』147-148ページ

「未来社会は、私の言葉の上に築かれる」という言葉は、『救世の法』をはじめさまざまな法話で大川総裁が発言されているものです。このように、霊言は徐々に、しかし着実に「見えざる革命」を引き起こしているのです。

3. 信仰革命で未来を創造せよ

日本に根深く残る唯物思想

しかし、依然、日本には、霊的なるものを認めない唯物思想が根強く残っています。

マルクスの思想には、どうしても看過（かんか）できない根本的な間違いがあります。それは「物しかない」という唯物論思想です。

「この世における道具として、物を有用なものにしよう」という思想であれば、人類に奉仕する考え方にもなりますが、「物しかない」という思想にまでなってしまうと大変なことです。

そうなれば、宗教や哲学ばかりでなく、人生観そのものが要らなくなり、人間にとって、「機械としてどう生きるか。ロボットとしてどう生きるか」ということがすべてになってしまいます。

現在、政治的には共産主義体制が滅びつつありますが、唯物論思想そのものは、日本や世界各国において、まだ根深く残っているように思います。

『繁栄の法』216ページ

昨今、「ピケティブーム」が起こり、格差是正運動が盛り上がったり、ブラック企業批判がされたり、2009年には格差是正などを掲げた民主党（現・民進党）政権が発足したりしました。いずれもかたちを変えたマルクス主義の再来です。

幸福の科学大学の設置認可申請においても、文部科学省サイドは、宗教や信仰、霊的なものを授業として行うのであれば大学として適切ではないという趣旨で、複数回にわたって申請内容に対して補正を指示しました。その後、申請書類にはない「霊言」という言葉を根拠に不認可の判断が下されたのは、ＨＳＵ生の皆さまも知る通りです。

長い歴史の中でもかつてないほど日本に「隠れたる唯物論」が根づき、その牙城が築かれていることに、私たちは気づかねばなりません。

「信仰による革命」のために立ち上がるとき

本章の締めくくりに、主の御言葉を紹介したいと思います。

まず、価値観の革命を訴えなくてはならない。

真理は一つである。
霊界は実在し、
人間は魂を持った存在である。
肉体は〝乗り舟〟にしかすぎない。
それが真実である。
すべての学問の根本には真理がなくてはならない。
教育の目的も真理の獲得でなくてはならない。
そして、宗教もまた、
真理を明らかにするための努力を怠ってはならないのだ。

国論を変えよ。
その意味において、
日本の過半数の人びとに、

この真理の法縁を得ていただくことが大事である。
日本人の過半数である六千万以上の人びとに、
何らかの法縁を与えなくてはならない。
まず、日本の過半数の人びとに、
真実を知っていただきたい。
いま無明のなかを生きている人たちに、
明かりのなかを歩んでいただきたい。
そして、最終的には、
すべての人を真理に誘うことを
私は念願している。

伝道に終わりはない。
日本全国へ、

そして海外へ、
無限の発展を願っていかねばならない。

私のこのメッセージを読んだ人びとは、
どうか立ち上がってほしい。
価値観の革命のために――。
日本の国民を、
そして世界の人びとを、
啓蒙するために――。

「信仰による革命」を、
啓蒙的手段によって、
平和裡(り)になしとげねばならない。

すべての人を真実のもとへ導くことこそ、
宗教者の使命なのだ。

『繁栄の法』227-231ページ

くり返しますが、「三大革命」の土台になっているのが、唯物論文明を突き崩していく「霊性革命」です。

霊言を信じる人を増やし、地球神エル・カンターレの存在を信じる人を増やしていくこと自体が、「霊性革命」を促進し、「霊性の時代」と言われる新文明をつくる土台になっていくのです。

TRY!

霊言の影響力を調べる

幸福の科学の霊言の影響について調べてみよう。霊言に影響された言論や社会現象、文化・芸術作品などを調査し、「霊性革命」の影響力を実感していこう。

【主要参考文献〈大川隆法総裁著作〉】

『正義の法』以下、幸福の科学出版

『宗教立国の精神』

『政治革命家・大川隆法』

『大川隆法の守護霊霊言』

『忍耐の法』

『未来の法』
「霊言シリーズ200冊発刊の意味（後編）」「ザ・リバティ」通巻227号：2014年1月号
『素顔の大川隆法』
『バラク・オバマのスピリチュアル・メッセージ』
『世界皇帝をめざす男』
『日銀総裁とのスピリチュアル対談』
『大川総裁の読書力』
『救世の法』
『繁栄の法』
『太陽に恋をして』大川隆法・大川紫央著
『エル・カンターレ信仰とは何か』以下、幸福の科学
「不滅なるものの正体とは」月刊「幸福の科学」通巻307号：2012年9月号
『君よ、涙の谷を渡れ。』

【その他参考文献】

『正しき革命の実現』大川真輝著、2016年、幸福の科学出版
『非営利組織の経営』P・F・ドラッカー著、2007年、ダイヤモンド社

第2章

三大革命②

政治革命

1. 宗教立国への道

この国に精神的主柱を立てる

日本は今、経済が低迷し、国防上の危機を迎えています。教育レベルも凋落(ちょうらく)し、ＰＩＳＡ(国際的な学習到達度)も下がる一方です。若い人たちと話をすると、「日本の未来は暗いのではないか」と感じている人が多くいます。

大川総裁は、国家弱体化の理由は、戦後、ＧＨＱによって宗教という国家の〝背骨〟を抜かれたことであると看破(かんぱ)されています。

戦後、(中略)**「政治と教育から宗教を遠ざけさえすれば、この国を弱くすること**

ができる」ということを占領軍は考えたのです。

これは、逆に言うと、「政治と教育に、宗教が一本、精神的な柱を立てたら、この国は強くなる」ということです。

戦後の六十数年間、日本は、繁栄を享受できたとは思いますが、クラゲのように漂っていた面があることは否めません。

「国際社会において、この国の発言力はとても低く、イニシアチブをとれるレベルにはない」ということは、非常に残念なことであると思います。

国際会議の場でも、日本の首相は、「ちょっと写真に写るだけ」という〝付け足し〟のような感じで出ている状態であり、何らリーダーシップを発揮できないでいます。この状況は、まことに悲しいことです。

経済大国になったところで満足していたら、その経済大国もまた不況の大波のなかで漂い始めています。いまだに敗戦意識を引きずっていて、方途なきまま、荒海のなかを、暗闇のなかを、ただただ光を求めて漂っているように見えます。

私は、「この国のなかに一本、やはり、精神的なる主柱を立てたい」という強い強い希望を持っているのです。

『宗教立国の精神』194-196ページ

占領時代が終わって60年以上経っても、日本はその状態を引きずっています。そこで、大川総裁は、この国に精神的主柱を打ち立てるために「政治革命」を開始されたのです。自虐史観をとり除き、日本は「神々の国」であるという誇りをとり戻し、その上で真の意味での「祭政一致」の国づくり、すなわち「宗教立国」を推し進めようとしているのです。

宗教立国は「国際標準」

結局、今の日本に必要なのは「宗教立国の精神」、つまり、信仰心を基にした国づくりです。

日本では宗教はタブー視されがちで、マスコミや左翼系の人びとからは「宗教が政党を立党することは政教分離に反しているのではないか」などと誤解に基づく批判があります。しかし、それは全くの的外れといってよく、憲法上もまったく問題はありませんし、宗教立国は、実は国際標準なのです。

宗教に基づいて国家をつくっているのは、未開の人種だけではありません。先進国も、ほとんどが宗教立国をしているのです。

キリスト教国においてもイスラム教国においてもそうですし、今は違うかもし

れませんが、以前には、儒教に基づいて立国していた国もありました。また、今も、仏教に基づいて立国している国もあります。

このように、宗教に基づく立国というものは、どこの国にもあるのです。

また、国際情勢や国際常識から見れば、宗教を信じていない人は動物と同じであり、そういう感覚を持つことが、グローバルスタンダード（国際標準）なのです。外国に入国あるいは居住しようとするとき、書類の宗教欄に「なし」と書いたら、「この人は人間か」と疑われます。それが、世界の常識であることを、日本人は知らないで過ごしてきているわけです。

例えば、キリスト教国であれば、「信仰がない」ということは、「死んだら、埋葬する所がない。教会の墓地に入れてもらえない」ということを意味しています。神を信じない人たち、宗教に属さない人たちは、通常のかたちでは埋葬してもらえないのです。

イスラム教国も、信仰を持っている人が百パーセントの世界です。それから、

仏教国も当然あります。

世界の大勢を見れば、やはり、「宗教を信じている国づくり」というものが主流なのです。

『宗教立国の精神』163-165ページ

たとえば、アメリカ紙幣には「我々は神を信じる（IN GOD WE TRUST）」と書かれていますし、大統領は就任式において、聖書に手を置いて宣誓します。アメリカがキリスト教精神に基づいてつくられた国であることは明白です。世界を見渡せば、宗教立国は当たり前のことです。逆に、政治から宗教を一切排除しようとする戦後日本の流れこそ、実は異常なことなのです。

そもそも、幸福の科学は、愛国心の大切さも訴えていますが、その基にあるものこそ、「宗教立国の精神」です。

なぜ、日本は尊いのでしょうか。それは、神代（かみよ）の時代から偉大な神々が降臨され、長い歴史において理想国家をつくってきたからです。「この尊い国を守り、育て、発展させねばならない」という思いから、愛国心が生まれてくるのです。

神のいる民主主義

民主主義には、「神なき民主主義」と「神のいる民主主義」があるといいます。

幸福の科学が数多くの霊言集を出しているということは、「霊性の時代が来た」ということを告げるとともに、「民主主義にも『神なき民主主義』と『神のいる民主主義』とがある」と教えていることを意味します。

そして、この「神のいる民主主義」は、「基本的人権をもっともっと高め、人々が神様に近づいていくためには、どのような人権保障をしなければならないのかを教えている」ということを言っているのです。

これが「宗教立国」の意味です。憲法で保障されている基本的人権をもっと高めることで、努力をすれば神様に近づいていけるような人生修行ができ、この国をそういう場にできるように、それを国のモデルとして行っていこうというのが、「宗教立国の精神」なのです。

『正義の法』251ページ

政治は「まつりごと」といいますが、神を祀り、政事を行うところから来ています。あるいは古代中国では、政治のことを「聴政」といいました。「天の声を聴くことが政治である」という思想です。日本でも天照大神や卑弥呼の時代から、神仏の声を聴き、神仏の願いを実現していくことが政治の原点にありました。

また、神々は常に、民衆の幸福を願っておられます。ですから、神の声を聴くことと民主主義は矛盾しないのです。

もともと、「国民主権」といっても、国民に委ねられた主権は、「国民を構成している人間たちが、神、仏から、その尊い命を与えられているからこそそのもの」です。そして、「その多くを護り、その多くを繁栄させる行為は、神様、仏様の願うところと一致するはずだ」という考えがそこにあるのです。

『正義と繁栄』162ページ

そもそも、「神仏の声が聴こえない場合は、多数の声が神の声に近いのではないか」という仮説の下に生まれたのが現代の民主主義です。つまり、疑似的に〝神仏の声〟を聴こうとしているのです。

とはいえ、現代の民主主義は「あるべき姿を問う」議会制にはなっていません。「こちらの町に公民館をつくるか。あちらの町につくるか」といった利害の調整の機能しか持っていないわけです。「暴政を防ぐ」という機能はあるかもしれませんが、「未来はどうあるべきか。いかなる理想を実現していくか」といった国家のデザインを描いていくことは難しくなっています。

この限界を超えていくには、「神仏の理想を聴き、実現していく」という政治の原点に立ち返らなければなりません。

徳治主義的民主主義

幸福の科学が目指している「神のいる民主主義」は、「徳治主義的民主主義」です。

これからの日本が歩むべき政治的方向、日本の政治家がとるべき、進むべき方向は、「徳治主義的民主主義」であろうと思うということです。民主主義のよさを生かしながら、徳治主義、すなわち徳をもって人びとを教え、人びとを導くという、そうした政治家の出現こそが必要となります。（中略）

正しき心とは何であるか――それは神の心です。日本の政治指導者たる者は、宗教を学び、その精神を学び、神の心を求めて、国民（くにたみ）を治めていこうとすべきです。

正しき心の探究と四正道を中心として、徳ある政治家をめざし、また、徳治主義的民主主義をめざすことこそ、これからの理想国家日本の条件であると思うのです。

『理想国家日本の条件』92－93ページ

「徳治主義的民主主義」とは、真理を悟った人、徳高き人が政治的な指導者になるということです。

たとえば聖徳太子は、神道の枠組みに仏教的精神をとり入れて国づくりをしました。さらに、身分にかかわらず徳と才のある人材を登用する「冠位十二階」を制定するとともに、民主主義的な議論を重視することを十七条憲法にとり入れ、一種の「徳治主義的民主主義」を目指しました。

また、リンカーン元大統領は宗教的な人格者で、南北戦争中は絨毯に爪を立て、「自分を正しく導いてください」と涙を流しながら神に祈っていたといわれています。一方で、「人民の、人民による、人民のための政府」という名言を遺したゲティスバーク演説において、「All men are created equal.」（すべての人間は平等につくられている）という独立宣言の言葉を引用したように、民主主義も重視していました。

このように、「神仏の理想」と「民主主義」の両者を融合していこうとするのが「徳治主義的民主主義」です。現代においてそれを実現しようとしているのが、幸福の科学の「政治革命」であるのです。

2. 幸福実現党、立党

救世の獅子吼

大川総裁が幸福実現党を立党された理由は、緊迫する東アジアの安全保障環境の中にあって、無為無策な政府の弱腰外交を見るに見かね、勇気を持って行動する責任政党の必要性を感じられたからです。

幸福実現党立党の具体的な引き金は、昨年（二〇〇九年）の四月五日に北朝鮮からミサイルが発射されたことでしたが、その時点ではまだ、政治運動にまで入るとは考えていませんでした。

しかし、その後、政府の対応はどうだったかというと、日本という国の置かれている立場から見て、発言しなければならないことがあるにもかかわらず、それができていませんでした。その現状に対して、やはり、「一石を投じるべきではないか」という気持ちが強くなったのです。

『宗教立国の精神』148-149ページ

その年の8月、第45回衆議院議員総選挙がありました。マスコミは「自民党から民主党（当時）への政権交代」というシナリオで世論を誘導しましたが、このとき大川総裁は、日本の危機を強く訴えられました。

特に国防において中国・北朝鮮の脅威があり、既存の政党に任せていては日本が侵略されてしまう危機がありました。そこで、幸福実現党が新しい政権の受け皿となれるよう、全国に300名以上の公認候補者を立て、声を嗄（か）らして戦ったのです。

2009年7月22日、調布市グリーンホールで「国益とは何か」の法話をされたあと、党大会にほかの立候補者とともに登壇され、出馬を表明された。

全国28カ所で行われた2009年衆院選での大川総裁の街頭演説は、「2009街頭演説集シリーズ」①〜⑤に収められている。(幸福実現党)

7月には、大川総裁御自身が党総裁として立たれました。連日の講演会、支部精舎説法に加え、全国各地で情熱的な街頭演説を続けられました。たとえ喉がつぶれようと国民一人ひとりに「新しい選択」を訴えかける御姿はまさに、「救世の獅子吼」そのものでした。さらには「政見放送」にも出演され、国民一人ひとりへのメッセージを届けられたのです。

このように、国師・大川隆法総裁の下、国難から日本を救うために、幸福実現党は立党しました。

努力する者が報われる社会を

ここから、幸福実現党の政策について見ていきます。

まず、中心理念として「自由の創設」が挙げられます。それゆえ、「自由」を守るために、「結果の平等」ではなく「機会の平等」を訴えています。

自由より平等を選んだら、必ず自由は死滅します。平等を選んだ場合には、極端まで行くと、最後は結果平等に必ず行き着きます。この結果平等は「貧しさの平等」なのです。

なぜなら、平等を言う以上、そこからは、いかなる成功者も出てこなくなるからです。結果的な平等を求めたら、成功者は出てこなくなります。成功した人は、「悪いことをした人」か、「税金を吸い上げるための対象」にしかならないので、企業努力をする人がいなくなるわけです。

『政治の理想について』238ページ

どれだけ努力をしてお金を稼いだとしても、ほとんど税金として吸い上げられて働かない人に分配されるならば、最終的に働く人はだれもいなくなり、国家が衰退していきます。これはソ連が崩壊した一因でもありますし、1960〜70年代のイギリスも体験しています（いわゆる「イギリス病」）。

したがって、幸福実現党は「減税」を主張しています。減税を訴えると必ず、「社会保障費の財源をどうするのか」という議論が出ますが、増税をして福祉を充実させることが、本当に理想の国家なのでしょうか。

福祉国家の考え方を間違えると、向かう先は全体主義国家です。社会主義国と同じく、自由が死んでしまいます。

幸福実現党はこれに警鐘（けいしょう）を鳴らし、「本当の自由が保障される」「努力するものは報われる」という「セルフ・ヘルプの精神」が働く社会をつくろうとしているのです。そうであってこそ経済は発展し、増税しなくても、結果として税収は増えていくのです。

生涯現役社会

この政策は、高齢化の問題の解決策にもなります。

これから本当に高齢化社会に入ってまいります。

二〇三〇年ごろまでには、十五歳以上の勤労可能な年齢、すなわち、十五歳から六十五歳までの年齢と、六十五歳以降の、いわゆる高年齢の方との比率が二対一になります。

要するに、働ける年齢層の人が二人で、一人の高齢者を背負わなければならないことになるのです。（中略）

私は、「高齢社会においても、年齢の行った方が経験と知恵を生かせる社会をつくり出さねばならない」と思います。ぜひとも、そうしたいと思います。

働ける年齢に関して、十五年以内には、平均的な定年が七十五歳ぐらいまでになるのは当たり前のことです。これは予測された未来なんです。七十五歳ぐらいまで普通に働ける社会、元気な人は生涯現役で働ける社会をつくらなければなりません。

『幸福維新への道』34－37ページ

幸福実現党は、公的年金を縮小していく代わりに、75歳まで働ける「生涯現役社会」をつくり、高齢者が自立して生きていける社会を目指しています。

これは、高齢者に冷たい政策ではなく、高齢者にとっても幸福になる道です。

「シルバー人材センター会員の実態に関する調査」によると、働かずに年金だけ受けとり、老人ホームに行くなどして過ごしている高齢者より、働いている高齢者の方が生きがいを持っていることが判明しています。

現在、社会保障費は、安倍政権になって以前と比べればやや抑制傾向にはあるものの、毎年一兆円近く増えています。高齢者が働けるようになれば、その負担が減り、その分、消費増税はしなくて済みます。

自民党政権は1970年代から、高齢者票の獲得を目指して、社会保障費を増やしてきました。その政策が社会病理として、巨大福祉国家化と増税に向かっていき、現在、財政赤字が一千兆円を超えるまで積もり積もっているのです。日本の大多数は、「消費増税してもいいから社会保障を出してほしい」という論調のようです。もちろん、一定のセフティーネットを設け、国のレベル・社会のレベルで最低限の生活保障はいるでしょう。しかし、国民にとって残念なことですが、年金問題は既に事実上破たんしているのです。政府が考えるべきはむしろ、ジョブ・クリエーション（新しい仕事をつくっていくこと）です。

アメリカの共和党は、「アメリカの建国の理念は自助努力であり、国民皆年金も国民皆保険も不要」という政治理念を掲げています。こうした自助努力の精神が大事です。社会保障に頼るのではなく、自助努力し、「自由を守る社会」をつくる

ことが大切です。

国防問題

幸福実現党は立党以来「国民を守る毅然(きぜん)たる国家」へイノベーションしていくことを強く主張してきました。それは、中国や北朝鮮などからの侵略の危機が迫っているという認識に立っているからです。

憲法九条では、確かに、「国際紛争を解決する手段としての戦争の放棄」や「戦力の不保持」が定められています。

ただ、日本国憲法の前文には、「平和を愛する諸国民の公正と信義に信頼して」

と書いてあります。その前提の下に、憲法九条では、「戦争を放棄し、一切の戦力を持たない」と定めているのです。
ところが、北朝鮮や中国が「平和を愛する諸国民」でなかった場合には、憲法前文の前提条件が崩れます。〝平和を愛さない国民〟に取り囲まれていて、攻められるおそれがあるなら、そのあとの九条については条文の解釈だけでも変えるべきです。少なくとも、「集団的自衛権を行使できる」というぐらいの解釈には踏み込むべきでしょう。（中略）
やはり、国民を守るだけの一定の軍事力は、外交の担保として必要だと考えます。これは、神仏の目から見ても、間違ったことではないと思います。

『この国を守り抜け』178-185ページ

幸福の科学が製作した映画「ファイナル・ジャッジメント」や映画「神秘の法」では、唯物論国家に侵略されることによって、「信教の自由」や「表現の自由」など、自由が奪われてしまう様子が描かれていました。国防を真剣に考えなければ、〝平和を愛さない国民〟によって、人間にとって最も大切な「自由」を奪われてしまうことは現実に十分ありうるのです。

幸福実現党は街頭演説で「憲法九条を改正し自分の国は自分で守れるようにしよう」「集団的自衛権を認めよう」というようなことを訴えてきましたが、「右翼だ。戦争をする気か」と批判されたこともあります。

２００９年時点ではそのように見えたかもしれませんが、その後、危機は現実化しつつあります。２０１５年には安倍政権が「集団的自衛権」の行使を容認することを中心とした安全保障関連法案を通し、翌３月に施行されました

映画「ファイナル・ジャッジメント」（2012年、幸福の科学出版）

映画「神秘の法」（2012年、幸福の科学出版）

が、「集団的自衛権の行使」については大川総裁が、著書『この国を守り抜け』（2010年）の中で真っ先に述べておられた政策提言の一つです。

このように、大川総裁の先見力によって、幸福実現党は、今の日本に一番必要なことを現政権よりもずっと前から訴え続けているのです。

政治の使命は「自由の創設」

ここまで見てきましたが、幸福実現党の政策を一言でいえば結局、「自由の創設」という言葉に尽きます。

神仏の子としての誇りを手にした人々が、「自由の創設」をすることこそ、国家

の持つ使命だと考える。

『政治革命家・大川隆法』あとがき

要するに、日本の問題点は、「いろいろな規制や伝統、江戸時代以前から続く平等主義に縛られていて、本当に持っている才能や能力、起業家精神などが発揮できない」ということです。ここが、今、日本がぶつかっているところなので、これを解き放たなければいけません。

「本来、すべての人に仏性・神性がある。人間は仏の子・神の子なのだ」ということに自信を持ったならば、道を拓いていけるわけですが、「それが自由なのだ」ということですよね。

殺人の自由とか、そんな自由を言っているわけでは決してありません。

「仏様や神様が理想を実現していける方向で、自らの理想を実現せよ。あなたがたも、仏の子・神の子として、自由に理想を実現していきなさい」ということを言っているわけです。

『HS政経塾・闘魂の挑戦』91－92ページ

大川総裁は、『正義と繁栄』や『自由を守る国へ』などの中で、「左翼政党のみならず、自民党安倍政権も福祉国家、全体主義国家になろうとしている」と警告されています。2015年に導入された「マイナンバー制度」を見ても分かる通り、現政権は、「大きな政府」化して国民を管理し、自由を減らす方向に舵を切っています。人間には、「創造の自由」と「選択の自由」が与えられています。その根拠は、人間が仏の子・神の子であるという事実にあります。「自由」を否定することは、神仏の子である人間の存在を否定することになり、「人間機械論」につながっていきます。そうではなく、神仏に向かって伸びていく自由を守ることが重要になるわけです。

「新・日本国憲法 試案」

2009年6月、大川総裁は「新・日本国憲法 試案」を書き下ろされました。幸福実現党が「政治革命」で目指す一里塚は、まず、現行の日本国憲法に代わって「新・日本国憲法 試案」を憲法に制定することです。

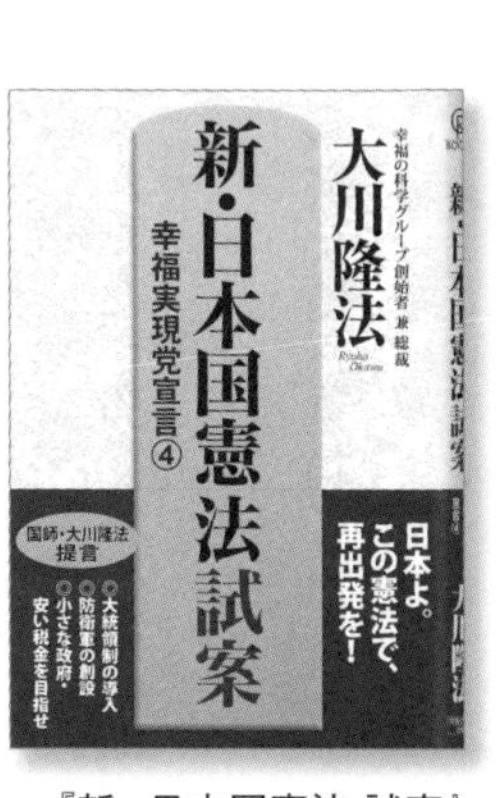

『新・日本国憲法 試案』

私の憲法試案である「十六条憲法」自体は、前文を合わせると十七条になりますが、聖徳太子の霊示で書いたものです。

私は、あの憲法試案を一時間で書きました。何の資料もなく、天上界からの霊示によって、自動書記で書いた憲法試案なのです。

諸外国の意見はまったく聴いていません。また、憲法試案は、ほかにもたくさんありますし、日本のマスコミや学者たちの意見も少しずつは知ってはいるのですが、その全部を調べた上で、「最終的に、こうなる」と決めたわけではありません。

まず、理念としてバシッと上から降りてきたものなのです。

もっとも、あれは原案ではあるので、今後の国民生活にとって必要なものがあれば、多少、手を加えても構わないとは思っています。ただ、方向性だけは明示しているつもりです。（中略）

とりあえず、あの憲法試案を基本にして、今後、議論を積み重ねていき、多少は改変を加えても構わないと思います。

ただ、「宗教立国の方向を目指している」ということだけは確かなのです。

『夢の創造』110－112ページ

この「新・日本国憲法 試案」は前文と16条をあわせて全17条です。前文には「**我ら日本国民は神仏の心を心とし、日本と地球の全てで平和と繁栄を目指す**」とあります。「神仏を信じ、一人ひとりが神仏の子としての最大限の自己を発揮し、世界の平和と繁栄を実現する」ということを宣言しているのです。

同時に、マルクスの「共産党宣言」を終わらせるという使命も持っています。神仏を否定するような国家運営へのアンチテーゼであり、二千年後、三千年後まで遺していくべき「理想の政治の原型」が「新・日本国憲法 試案」には詰まっているのです。

3. 世界のリーダーとしての使命

真なる繁栄の基は、信仰心

ドイツの社会学者、マックス・ヴェーバーは『プロテスタンティズムの倫理と資本主義の精神』の中で、「プロテスタントの労働によって神の栄光を増そうとする信仰心が、資本主義の発展・繁栄をもたらした」という理論を打ち出しています。

このように、資本主義的繁栄の根本には、信仰心があるのです。

物質的繁栄だけを求めて、信仰や宗教、あるいは「心」をとり除いていったなら、必ず限界がきます。現在の日本経済がバブル崩壊以降、30年近くにわたって停滞している原因もここにあります。

私は、「宗教が尊敬されない国は、おそらく、長い繁栄を享受することはないであろう」と思うのです。

それは、なぜかと言うと、宗教は、「人間から見て遙かに尊い存在を信じる」というかたちをとることが多く、その「信じる」という行為は、「人間を謙虚になさしめ、努力・精進へと導く。自らを高めようとする努力を促す」という機能を持っているからです。

宗教によって、神仏の呼び方はいろいろあるでしょうが、もし、神仏という尊い存在がなければ、人は、傲慢（ごうまん）になり、自分たちの考えが万能であるかのように錯覚しがちであるのです。

『宗教立国の精神』197ページ

信仰心からの繁栄は無限です。無限の富を引き寄せ、無限の豊かさを実現していくことができるのです。日本は国家の中心に信仰心を据えて「宗教立国」を成すことによって、真なる繁栄を実現していくことができます。

日本が世界のリーダーとなる

アメリカが世界のリーダーを降りようとする流れもあり、世界に混乱が起きている今、日本が「信仰心からの繁栄」を実現し、そのモデルを世界に広げていく使命を果たさなくてはなりません。

日本型の素晴らしい国家モデルをつくって、それを世界に広めていくことが大事です。日本には、次の世界のリーダーになるべき使命があるのです。

「アジアやアフリカ、ヨーロッパ、アメリカ、これらをすべて結ぶ懸け橋になることが日本の役割である」と、私は信じてやみません。

そのためには、強力な「価値観のバックボーン」として、大きな宗教が必要だと思います。その宗教の価値観によって、世界の宗教をきちんと守れるような、そういう大きな宗教が必要なのです。

『政治と宗教の大統合』90－91ページ

世界のリーダー国家は、世界の価値観に大きな影響を与えます。たとえば19世紀から20世紀初頭のイギリスや、戦後のアメリカです。

しかしアメリカは現在、軍事的にも経済的にも衰退方向に向かっています。EUもさまざまな経済危機によって力を失っています。中東や北朝鮮、イスラム教のテロなどの問題を解決できる国がない状況で、世界はバラバラになりつつあります。無神論国家の中国がGDPで日本を追い抜き、世界にその仲間をつくろうとしています。このままでは近い未来に、世界中で紛争が起こるでしょう。

こうした世界情勢の中で、日本は〝一国平和主義〟を脱し、世界の平和と繁栄のリーダーとなるべきです。日本が世界に真似されるモデル国となれば、エル・カンターレ信仰が世界に広がることも容易になるでしょう。この教えによって、世界を救っていくことができるのです。

そのためには、アメリカ・中国をも上回る世界的な繁栄・発展を実現していくことが大切です。日本が衰退しては、世界伝道も進まないでしょう。まして外交・防衛政策の失敗により日本という国がなくなってしまったら、大救世主が生まれられた「神国・日本」の使命を果たすことができません。

世界的危機を解決していくことができるのは、主エル・カンターレが降臨されたこの日本しかないのです。そのためにも、幸福実現党は政権を樹立していくことが急務なのです。

TRY!

「新・日本国憲法 試案」暗誦

「新・日本国憲法 試案」の〈前文〉と〈第一条〉を暗誦できるようにしよう。挑戦したい学生は、全文の暗誦を目指そう。

【主要参考文献〈大川隆法総裁著作〉】

『宗教立国の精神』以下、幸福の科学出版
『正義の法』
『正義と繁栄』
『理想国家日本の条件』
『政治の理想について』
『政治革命家・大川隆法』

『新・日本国憲法 試案』
『政治と宗教の大統合』
『幸福維新への道』以下、幸福実現党
『この国を守り抜け』
『HS政経塾・闘魂の挑戦』以下、HS政経塾
『夢の創造』

【その他参考文献】

『プロテスタンティズムの倫理と資本主義の精神』マックス・ヴェーバー著、1989年、岩波文庫

第3章

三大革命③ 教育革命

HAPPY SCIENCE

1. 教育の理想

人間を変える「魔法のような力」

現代の日本では、教育にもさまざまな問題が起こっています。「ゆとり教育」の弊害は国家経済を停滞させ、「いじめ問題」は陰湿化・深刻化しています。

本来、教育には「人間を変える『魔法のような力』」があるといわれています（『教育の法』18－19ページ参照）。

私もＨＳＵで教育に携わる中で、「人づくり」こそが教育の中核にあるということを実感しています。さまざまな学問や教育内容がありますが、要するに大切なことは、「一人ひとりが神仏の方向へ伸びていく」ということです。

基本的に、教育というものには、仏法真理でいう「縁起の理法」、すなわち「原因(因)があって、条件(縁)が加わり、結果(果)が出て、さらに、その影響(報)が出てくる」(因・縁・果・報)という法則が、非常によく当てはまると思うのです。

それは、日本だけでなく、アメリカや、その他の国でも同様ですが、「教育というものを介在させ、通過させることによって、別の人間に変わっていく」というところが、非常に大きな特徴だと思います。

例えば、ある学校で勉強を修めることによって、その人の将来の職業選択や、社会的なコース、さらには、親と同じような職業に就くか否かなど、いろいろな道筋が変わってくるわけです。(中略)

ある意味で、教育によって、まったく別の人生を歩むことができるわけです。学校の選択を変え、あるいは、学問における専門の選択を変えることによって、自分の人生が変わってしまう面があるということです。

もちろん、その途中においては、家庭の経済的事情から始まって、学習環境、学校の校風、あるいは、教師との出会い、友人との出会いなど、さまざまなものが絡み合い、一つの人生が出来上がってくるところがあります。

つまり、教育には、ある意味で一種の「魔法」のようなところがあると思うのです。

『教育の法』17－18ページ

縁起の理法とは、「原因結果の法則」に「縁」という要素が入ったものです。同じ種（因）であっても、肥料や水、光の与え方（縁）次第で、あるものは枯れ、あるものは繁茂(はんも)します（果）。これは仏教の教えです。

インドのバラモン教（古代ヒンドゥー教）には、カーストと呼ばれる階級制度があり、「今世の身分は過去世の行いによって決まっているのだ」という、一種の決定論、運命論で考えます。これに対し釈尊は、「人の人生は、生まれではなく努力によって決まるのだ」と教えたのです。

人は努力することによって変わっていくことができます。「教育には、人間を変える『魔法のような力』がある」と信じることが教育の根本にはあるのです。

ノーブレス・オブリージ

HSUや幸福の科学学園の教育の特徴として、一つに「ノーブレス・オブリージ（高貴なる義務）」を挙げることができます。

第2章では自由の大切さを見ましたが、「自由」を徹底すれば、結果的に格差が生まれます。このとき、社会的に弱い立場の人に対しては、助けが必要なこともーブレス・オブリージ」です。

あるでしょう。そこで、良い教育を受け、成功している人に求められるのが「ノ

私たちは、今、「この日本の国では、実学や技術的なものを教える教育は数多く発達しているけれども、徳育は不足しているのではないか」と感じています。

もちろん、現代の世の中ですから、「資本主義社会のなかをたくましく生き抜いていくような企業家精神に溢れた人が輩出される教育をしなければならない」と考えていますが、教育の中心には、やはり、人間を「善なるもの」として導く考え方がなければなりません。（中略）

現代の世の中では、高学歴の人たちには、得てして、その学歴を自分の利得のために使う傾向が出てきています。そのため、私たちは、「そうであってはならない」と訴えているわけです。

例えば、幸福の科学学園では、「ノーブレス・オブリージ（高貴なる義務）」と

いう少し難しい言葉も使っています。つまり、「周りからエリートとして認められるような人には、高貴なる義務が伴うのだ。やはり、人間は自分のためだけに生きてはいけない。世の多くの人たちから尊敬され、認められれば認められるほど、世の中のために尽くさなければならないのだ」ということを教えています。

これは、古い言葉で言えば、日本の武士道精神かもしれませんし、ヨーロッパ的に言えば、騎士道精神かもしれません。いずれにせよ、「日本のために、世界のために、何かをお返ししていこう」と思う人たちをつくっていきたいと願っているのです。

『教育の使命』50－52ページ

「福祉国家」を目指さなくても「ノーブレス・オブリージ」を持つ人を育てることで弱者に対するセーフティーネットが自然に形成されていくことでしょう。

「仏の子」には、他の人を救い「**慈悲を発揮する義務**」があるとも言われています（『信仰告白の時代』36ページ）。出世や幸福のためだけにみずからを鍛えるのではなく、「世の中のために自分の命を捧げる」「より尊い、より高次なもののために生きる」という精神を持った人を育てていくことこそが、真の教育なのです。

自虐史観を払拭（ふっしょく）し、「愛国心」をとり戻す

戦後、ＧＨＱが日本から宗教を追い出し愛国心を失わせたことは、第2章でも述べました。この問題は、教育にもおよんでいます。

戦後教育の最大の間違いは、愛国心を完全に消してしまい、「戦前の日本は、全部、駄目だった」というような価値観を植えつけたところでしょう。（中略）

日本が行っている平和教育は、そうとうボケた教育だと言わざるをえません。

基本的に、「国をよくすることは、よいことなのだ」という考え方を押さえておかないと、子供たちの勉強においても、「正当に努力していくことを認めるのが、正しい社会なのだ」というところにつながっていかないのです。

まずは、自分たちの国を理想的なものにしていくことです。そして、次に、「国のトップリーダーたちが、どう判断して世界のなかでうまく戦っていくか。うまく乗り渡っていくか。あるいは世界をリードしていくか。また、世界に通用する人材をつくり出していけるか」ということが大事です。

今、日本では、あらゆる分野において、世界レベルまで届かない人材しかつくれないような状況です。ノーベル賞を受賞した人は、そのほとんどが、アメリカに行って、向こうで何十年も研究したような人ばかりです。（中略）

やはり、富を生産していく人、新しい価値を創造していく人をつくらなければいけません。

そのためには、国を愛していなければならないし、「国を愛して立派にしていくことは、よいことだ」と考えて努力することを認めなければいけないのです。

『教育の使命』122－124ページ

昔の歴史の教科書は、『古事記』や『日本書紀』などの神話から始まりましたが、今では〝豪族が農民を支配してクニをつくった〟という階級闘争史観が基軸となっています。日本の成り立ちも、中国の歴史書である『魏志倭人伝（ぎしわじんでん）』から始まるようになり、神話はまったく教えられません。

しかし、「日本は神々によって創られ、愛され、育まれ、今も神々がしろしめす尊い国である」という教育を復活させることが、愛国心の原点なのです。

「ゆとり教育」を完全に払拭し、未来を拓く教育を

教育が充実すれば国は豊かになっていきます。

財政危機に陥った長岡藩を立て直した、小林虎三郎という人がいます。戊辰戦争で敗戦国となり藩が焼け野原と化している中、彼は他藩から贈られた米百俵を、学校建設に投資しました。藩士からの配給要望を説き伏せて断行した甲斐あり、その国漢学校からは山本五十六や井上円了など多くの優秀な人材が輩出され、長岡藩に繁栄をもたらしました。

このように、教育への投資とは、「植福」（財の一部を、将来の福のために使うこと）です。ＨＳＵにも多くの信者の皆さまが植福してくださっており、その多くは自身のお子様が通っているわけではありません。ＨＳＵ生を応援したいという思いと同時に、ＨＳＵを通じてこの国が繁栄し、この世界が良くなることを願

われているのです。教育には国の未来を拓いていく力があるからです。

未来への創造は、まず、「真の教育とは何か」ということを問うことから始まります。（中略）

教育の内容をどのようなものにするかを考えることは、次の世代をどのように形成するかを考えることなのです。

現在の子供たちに対する教育の内容によって、少なくともワン・ジェネレーション（一世代）のちの未来が規定されます。そして、その子供たちが親になったあかつきには、その内容にもとづいて、さらに次のジェネレーションの教育がなされることになります。

結局、二十一世紀の国家百年の計とは、いまの子供と、彼らが親になってできる次の子供、つまり孫の代と、さらにその子供である曾孫（ひまご）の代までの三代にわたって、いかなる教育理念を維持していくべきかを考えることなのです。それ

が二十一世紀の国家ビジョンになるはずです。そして、それは、とりもなおさず、二十一世紀に求められる人間像を考えることでもあるのです。

『奇跡の法』180-181ページ

国家の未来を考えるにあたり、幸福の科学は1990年代、「ゆとり教育が国を滅ぼす」と訴えていました(「ザ・リバティ」1998年3月号「日本の教育を破壊するボンボン左翼のエリート官僚」など)。

今では、ゆとり教育批判は当然のようになされていますが、当時は受験競争の加熱などによって、「ゆとり教育こそ大事だ」という世論になっていたのです。その中で幸福の科学は、どのメディア、どの知識人より早く、「イギリスが〝イギリス病〟にかかって衰退していったのと同じように、ゆとり教育を続ければ自助努力の精神が失われていき、日本が衰退していく」と声をあげました。

国家を立て直すには、教育から立て直さねばなりません。「国家百年」の計といわず二百年、三百年、一千年後までのあり方を変え、未来を変えていく大事な使命を教育は持っているのです。

国家成長戦略としての教育

そして、富を広げていく智慧を学ぶことと、自助努力や工夫によって富を生み出す人を育てていくことが肝要です。

まだ地球上には、救いようもないほど貧しい国もある。今こそ、しっかりと「経営成功学」を学んで、地の果てまでも伝えようではないか。強い意志を持って、研究に研究を重ねれば、必ずや世界のユートピアづくりに貢献できるものと私は考える。

学問には、貧しい国の人びとをも救済していく力があります。ＨＳＵで学ぶ学問には、国家や世界に繁栄をもたらす戦略が含まれているのです。

『「経営成功学」とは何か』あとがき

ある意味で、「『教育の目的』のところにこそ、国家戦略を植え込むべきではないか」と思うんですね。（中略）

人口が減少気味で、それほど増えないという状況において、あえて、つくるのであれば、今までにない大学をつくらなければ意味がないでしょう。

今までにないものとは何であるかといえば、目標として、国家を成長させる戦略を内に秘めた学問を研究する大学をつくることが大事なのではないかと思うのです。

『究極の国家成長戦略としての「幸福の科学大学の挑戦」』20－21ページ

繁栄の未来をつくり、人びとを幸福にするために教育はあるのです。ＨＳＵもまた、「究極の国家成長戦略」のために創設されたのです。

2. 宗教教育の力

真のエリートとは何か

「教育革命」の中心理念は、教育の中核に宗教的精神をとり戻すことです。

現在、政治と同じく日本の公教育の場からは宗教が排除されています。道徳の時間ですら神や仏が教えられることはありません。

しかし、この現状は異常なのです。たとえば、アメリカやイギリスを中心とした欧米諸国でエリート校と呼ばれる学校の多くは神学校から始まったものです。名門大学も、神学部を中心に設立されたものがほとんどです。

自己中心的なエリートを数多くつくっても、この国はよくなりません。やはり、国家のエリートと言われるような人たちは、基本的に、「世のため、人のため、国家のため、そして、世界のために尽くす」ということを、尊い使命として感じる人材でなければいけないと思います。（中略）

やはり、「自分たちで、この国をよくし、世界をよくしていく」という、強い決意を持たねばならないと思います。（中略）

そして、そのバックボーンには、やはり、宗教的なるものがなければいけないのです。（中略）

本来、宗教が、神仏の教えから出ているものであるならば、悪いものであるはずがありません。偽物は別ですが、本来、神、仏から出ているものであるならば、宗教は善いものでなければいけないのです。

したがって、「宗教がバックボーンとなっている学校教育や、宗教教育を受けた人たちが、この国の政治や経済を担っていく」ということは、素晴らしいことでなければいけません。

同時に、そういう教育を受けた人たちは、「この国を超え、他の国の人たちをも助けていこう」という高い志を持たなければいけないと思います。私は、そうした、高い志と強い情熱を持った子供たちを育てていきたいのです。

『教育の法』228-230ページ

エリート教育にはもちろん実務的な知識は必要ですが、一番重要なのは宗教的価値観を身につけることです。それは、周囲の人や社会のために生きる愛の精神であり、有事には自分のことを後回しにしてでも他の人を守っていく責任感です。

こうした宗教的「ノーブレス・オブリージ」の精神を有した者こそが、「真のエリート」となるべきなのです。

ハリウッド映画でよく描かれるヒーロー像も、バックボーンにはキリスト教の愛と自己犠牲の精神があります。こうした宗教的精神を持ちあわせていない自己中心的な人はリーダーになれないというのが、一部の唯物論国家を除き、世界の常識でもあります。

信仰心に基づく、勇気あるエリートの育成を

では、新時代のエリートとはどのような人でしょうか。

新しい時代のエリートたちは、失敗を恐れず果敢に挑戦して、未来を拓いていこうとする人材でなければいけません。

人の批判を恐れるようであってはいけません。新しいことをやろうとすると、たいてい批判が出るのです。

批判を恐れ、「批判をされないように生きることが優等生の生き方である」と思うなら、それは、「この国に対しても、世界に対しても、何ら貢献をするつもりはない」ということを意味しています。

したがって、批判に怯まず、信念を貫き通すような人材をつくり出していかなければなりません。

では、勇気は、いったい、どこから湧いてくるのでしょうか。

その根本にあるものは何であるかというと、やはり信仰心であると私は思うのです。信仰心を持っていればこそ、さまざまな批判、世間の波風に耐えることができるのです。

「地球全体の幸福をつくり出そう」と強く念じるならば、地球を指導している神仏への信仰心を根本に持たなければ駄目です。

そういう信仰心を持ったエリートを育てなければ、この国に未来はなく、また、世界にも未来はないと思わなければなりません。

未来はまだまだつくり出していくことができます。新しい未来をつくり出そうとする「努力」によって、また、今までのやり方にとらわれることなく、新しいやり方に堂々と挑戦していく「勇気」によって、つくることができるのです。

『教育の法』234-235ページ

地球的危機が深まる中、信仰心に基づく「勇気」ある人材の輩出が求められています。今、理想の宗教教育を目指している幸福の科学学園やHSUでは、勇気があり、霊性と高度な実学を兼ね備えた人材の育成が全力で推し進められているのです。

宗教的教養は世界共通の常識

「宗教的教養」は世界共通の教養でもあります。

「本当に国際化する」ということは、実は、「宗教化する」ということと同義なんですよ。それは、同時に、「多元的な宗教を、ある程度、受け入れなければいけない」ということも意味しているので、いろいろな宗教を受け入れるだけのキャパシティーがなければ、そもそも国際化はできないんです。（中略）

やはり価値観は多様であるべきです。そうでなければ、極端に不幸な人が出てきます。（中略）

国際化することは宗教化することですし、宗教化することは、多元的な宗教を受け入れることに必ずなるんですよ。

国際社会で認められようとしたら、必ず、そのようになってきます。

『幸福の科学学園の未来型教育』192-193ページ

ＨＳＵの人間幸福学部では、世界の主要な宗教を学んでいます。伝道においてもビジネスにおいても、その国の宗教を知っていることはコミュニケーションの力になります。

特に、西洋で日本のビジネスパーソンが苦戦するのは、休日に仕事相手の家に食事で呼ばれたときです。宗教のバックボーンがないために相手の言いたいことが読みとれなかったり、語るべきことがなかったりするのです。しかし、たとえキリスト教徒でなくても、宗教的バックボーンを持っていれば、中身のあることを語ることが可能です。（『新しき大学の理念』112-114ページ参照）

また、近年騒がれているハラル食もそうです。イスラム教では、食事において食べてもよい「ハラル」と、食べてはいけない「ハラム」が細かく規定されています。ところが、豚肉を不浄なものとして食べない、お酒は飲んではいけないという程度の知識で接待をした結果、料理に調理酒が使われていたということで、商談が破談になるようなケースも有ります。

さらに、日本が今後、リーダー国家として国際的な紛争を解決していくにあたっても、対立しているキリスト教とイスラム教がどういう宗教であるのかを知っていなければなりません。

家庭での宗教教育

「悪いことはしてはいけない」ということは道徳でも教えられますが、「なぜ悪いことをしてはいけないのか」「悪いことをすればどうなるのか」まで教えられるのは、やはり宗教です。

たとえば、「援助交際や自殺は、他人に迷惑をかけていないのだからいいじゃないか」という人もいますが、これは宗教的真理に対する無知から来ています。

死後、天国・地獄があると知れば、地獄へ赴くような悪いことはできないはずです。また、守護霊や神仏の視点を知ることで、人が見ていないところでも悪いことをしない、コツコツ努力するといった姿勢が身につきます。宗教的真理を知らなければ「人に見られなければかまわない」という考えになりかねませんが、知っていれば、悪いことはできません。神仏の目に適う行動であるかどうかが重要なのです。


子供の非行等の原因はどこにあるかというと、第一原因は家庭教育にあると見てよいと思います。もっと端的にいうならば、家庭教育のなかで宗教教育が欠けていることです。ここが最大のネックです。（中略）

国と宗教の関係において、現在は非常に悲しい状況にあります。しかし、その改善にはもう少し時間がかかるでしょうから、まずは、家庭教育のなかで信仰を教えていくことが必要です。

そのためには、家族のなかに、幸福の科学の会員が一人は居ていただきたいのです。そして、その人が仏法真理を家族に伝えていただきたいのです。

少年犯罪、青年犯罪のほとんどは情緒障害によるものです。その情緒障害は、「宗教的良心というものを家庭のなかでつくれなかった」ということに起因しています。それは、親に宗教的な素養がなかったことが非常に大きな原因になっています。

そういう子供たちは、努力すれば救えるものなのです。ところが、努力せずに放置しているから、そうなっているのです。

まず親が仏法真理を知り、それを子供に伝えていくことが大事だと思います。

「非行防止と宗教の役割」「ザ・リバティ」通巻74号：2001年6月号

学校などで宗教を教えられない現状であれば、家庭において宗教的精神を養う努力も必要になるでしょう。宗教的価値観を教えることで、非行やいじめ問題を防ぎ、学力停滞を防ぐこともできます。

3.「教育革命」に向けた幸福の科学の活動

理想の教育モデルをつくる

幸福の科学は、本格的に「教育革命」に着手する以前から、「ゆとり教育」や

「いじめ問題」など、教育問題に関する提言を重ねてきました。
しかし、外部から提言をするだけでは、学校という閉鎖的な環境はなかなか変わりません。そこで、理想の教育を実現するために、手本となる学校を設立することになったのです。

私は、「自分たちで学校をつくるしかない」と考え、宗教系の学校を設立することを決めて、「三年以内につくる」と公言しました。そして、二〇一〇年四月に幸福の科学学園中学校・高等学校が開校したのです。

人にお願いばかりしていても駄目なので、やるべきことは自分たちでやることが大事だと思います。

公立学校の教師の多くは、「いじめがあるのは当たり前だ」と思っているのでしょう。独占状態、寡占状態になると、そうなるのです。

いじめのない学校にすることは可能です。信仰心を立て、きっちりとした倫理

性のある教育をしていれば、いじめなどは起きません。
そこで、人を批判するだけではなく、自分たちが、いじめのない学校を実践しようとして、学校設立に取り組んだわけです。

『宗教立国の精神』89－90ページ

こうして、幸福の科学学園那須本校・関西校と幸福の科学大学の構想が発表されました。まずは2010年、総本山・那須精舎の隣接地に全寮制の中高一貫教育校である那須本校が、2013年には琵琶湖(びわこ)のほとりに通学可の中高一貫教育校、関西校が設立されました。そして、2015年開校を目指して幸福の科学大学の準備も着々と進められていました。スタート時は大学としての開校はかないませんでしたが、「高等宗教研究機関」HSUとして、2015年春に開校を迎えました。

現在、幸福の科学は、幸福の科学学園やHSUですばらしい成果をあげ、全国

2010年、総本山・那須精舎の隣接地に開校した幸福の科学学園 中学校・高等学校（本校）。

2013年、琵琶湖のほとりに開校した幸福の科学学園関西中学校・高等学校。

の公立学校にも良い影響を与えていこうとしています。宗教教育を受けた生徒や学生が、学力的にも人格的にも優れたすばらしい人材に育つということを実証すれば、おのずと宗教教育の大事さが認識されていくことになるでしょう。

大川総裁は、「ここから世界レベルでの教育革命が起きるのではないか」というビジョンを描かれています（『幸福の科学学園の目指すもの』101-103ページ参照）。

ます。

宗教教育の成果

学園生やHSU生は、自分たちの実績をもって、その正しさを実証し始めています。

学業成績面においても、幸福の科学学園中学校は、すでに、栃木県内でナンバーワン校です。不思議なことですが、新設校にして、県内ナンバーワン校であり、その上がありません。

高校のほうも、県内トップクラスの学校に肩を並べつつあるようですが、中学生は最初から学園の教育方針で指導しているため、圧倒的な差でナンバーワンなのです。

それから、英検などでも、学園全体で、数多くの表彰をもらっていますが、前回の試験でも、三回目の、二次試験合格率百パーセントを達成していました。

このように、開校してから短期間ではありますが、けっこう実績を上げてきています。

これらの実績は、よき指導者がおり、生徒たちがよく精進した結果であることはもちろんのことです。ただ、その奥にあるのは、幸福の科学の信者のみなさんから、自分の子供を通わせるわけでもない方々を含め、学園に多額のご寄附を頂いていることに対する、生徒たちの感謝の気持ちの表れであると思うのです。その支援のおかげで建物が建ち、活動費が出て、さらに、関西校まで開校することができました。それに対し、生徒たちも、「十代である自分たちも、〝伝道〟の一翼を担いたい」という強い思いを持っています。それが、クラブ活動で活躍をしたり、勉強面で成果を上げようとしたりする努力につながっていると思うのです。


「心のなかの思いが未来をつくる現実の力」月刊「幸福の科学」通巻315号：2013年5月号

学業面では、那須本校は一学年約100名中、東京大学5名、京都大学1名、早稲田大学・慶應大学43名の合格者が出ました。関西校も一期生から、約100名中、東大1名、京大1名、早大12名合格と成果をあげています（いずれも2015年度実績）。

英語学習にも力を入れており、中3で英検一級を取得する生徒が出るなど、驚異的な成果が出ています。HSUでは、入学後数カ月でTOEICの点数が450点上がった学生や、入学初年度でTOEIC900点を突破した学生も数多くいます。

中高の部活動では、野球やテニス、吹奏楽、美術、空手など多くの分野で成果をあげており、那須本校チアダンス部は開校4年目に世界大会優勝を、関西校女子ダンス部は開校3年で世界大会準優勝を果たしています。

また、感謝の心が強いことや、礼儀正しいことで地元の方にも知られています。HSU生も地元のタクシー運転手の方から「学生の感じがいい」と言っていただいたり、業者の方から「礼儀正しく親切だ」「地域のゴミ拾いをしてくれる」「志をもって学んでいる雰囲気を感じる」などと歓迎の言葉をいただいています（『現代の松下村塾　ＨＳＵの挑戦』参照）。

ＨＳＵでは特色のある各学部の教育方針の下、個性と自由を重んじる教育方針が徹底されています。「天才を潰す日本の大学教育」を変革し、平均の人を「秀才」に、秀才を「天才」に、そして天才を「偉人」に変える教育が行われ、各学部が次々と新時代につながる研究に取り組み始めています。

これが、幸福の科学流「宗教教育」の成果の一部です。

信仰心ある人が世界のリーダーとなる世界を

世の中の学生は、多くが「この大学を卒業すれば良い就職先がある」「とりあえず安定した就職をしたい」など、自分が成功し幸福になるために勉強しているようです。

しかし、学園生やHSU生は、「世のため、国のため、世界のため、神仏のために役立つ人間となり、貢献していきたい」と自己研鑽しています。その志の高さはこれからの世界のリーダーの条件であるといえます。

「大学」という言葉は、何を意味しているのでしょうか。「建物」のことではありませんし、「人の集まり」という意味でも「教授陣」という意味でもありません。「大学」という言葉は、「大人の学問」という意味です。これが「大学」なのです。

したがって、私たちは、今ここで、「大人の学問」をみなさんが学べるようにしたいと思います。

では、その「大人の学問」とは何でしょうか。

私たちが目指している大人とは、「年齢的な大人」ということだけではないのは当然です。社会人として立ち、人々のリーダーになっていけるような人をつくること。人々が躊躇（ちゅうちょ）しているときに、リスクを張って戦いを挑んでいき、道を拓いていく人をつくること。これこそが、私たちが考える「大人の学問」です。それを開いていきたいと思うのです。

その意味において、私は、「ＨＳＵは、日本にも世界にもまだない大学であり、東京大学にもハーバード大学にも負けることは絶対にない」と思っています。見ていてください。

みなさんに子供ができ、彼らが認識するころに、「ハッピー・サイエンス・ユニバーシティを出ている」ということが、どのくらいの輝きを持っているか、それを想像して、現実を近づけていってください。
「きっと、みなさんは、みなさんの子孫から誇りに思われる」と私は思います。

『未知なるものへの挑戦』58－59ページ

ＨＳＵにおいては、現代の諸問題を解決して、幸福な未来を創るという「未来に対する責任」の下に、独自の視点から研究を深めている学生が多くみられます。これも「大人の学問」を目指していることの象徴です。

学問における唯物論の壁

幸福の科学大学は２０１５年度の開学を目指していました。その内容は、幸福の科学教学を中核としつつも人類が築いてきた学問も重視し、しかも、大学の設置基準を上回る高度な学問性を有する奇跡の教育を成し遂げていこうとするものでした。しかし、開学を半年後に控えた２０１４年10月、文科省によって不認可にされてしまいました。ここには、学問の世界における唯物論の壁が大きく立ちはだかっていたといえます。

文科省は、幸福の科学大学を不認可にする根拠として、「霊言」を挙げていました。国が、信仰や宗教や霊的世界について教えることを禁じたに等しい判断です。つまり、仏教系大学やキリスト教系大学では宗教の教養を教えてもよくて、新興宗教は教えてはいけないということであり、これは国による「信教の自由」「学問の自由」「表現の自由」を侵害する判断でありました。

公教育の場から信仰心がとり去られているのは、日本だけではありません。たとえば、「GOD'S NOT DEAD」というアメリカの映画がありますが、これは、ある大学の哲学の授業を履修するにあたり、教授が〝God is dead.〟と署名しないと授業に進ませないとした実話を基にした作品です（『正義の法』第1章参照）。

このように、学問の世界から信仰を追いやろうとしている流れに対して、「**『真理を信じる人が、排斥されるのではなく、それを正しい学問的成果に結びつけながら、人々を啓蒙していく』という文明実験を力強く推し進め、人々にその道を知らしめることが正しいあり方だと、私は信じてやみません**」と、大川総裁は語られています（同書、50ページ）。

結果として高等宗教研究機関、ハッピー・サイエンス・ユニバーシティを開校しましたが、大川総裁はここを、大学を超えた人間学を学ぶ場だとしています。

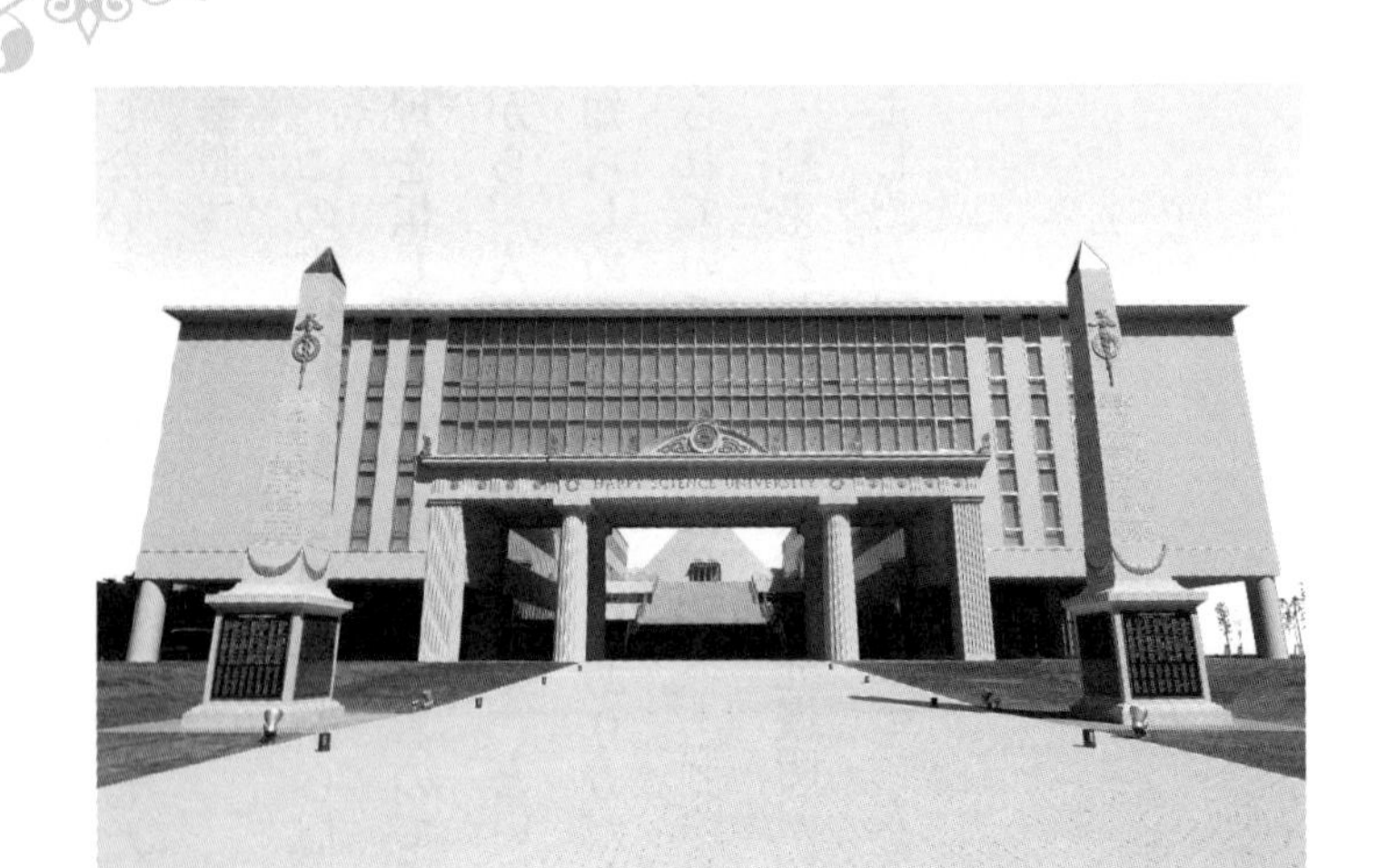
2015年に開校したハッピー・サイエンス・ユニバーシティ(千葉県長生村)。

新しい学問を打ち立てる

ＨＳＵの学問的使命は、学問の中に「神の正義」を打ち立て、信仰を中心としてすべての学問を構築し直していくことです。ソクラテス的立場から、すべての学問を統合し、新しい学問をつくり、その学問から新しい文明「エル・カンターレ文明」を創造していくこと、それが目的です。

その意味でＨＳＵは、幸福の科学の教えを学ぶことが出来る唯一無二の

「最高学府」であるのです。

God isn't dead.（神は死んでなどいません。）
God is alive.（神は生きています。）
God does keep silence, but God is alive and God is loving all the people of the world. I think so. Thank you.（沈黙を守ってはいますが、神は生きており、世界中の人々を愛しているのです。私はそう思います。ありがとうございました。）

『正義の法』51ページ

神のある学問、神のある教育、この本来あるべき姿をとり戻していくのが、HSUでなされている現在進行形の「教育革命」であります。日本発の本格私学である新しい最高学府・HSUの卒業生が世界に羽ばたき活躍していくこと自体が、理想の宗教教育の実証となり、大いなる「教育革命」の原動力となるのです。

教育界に、大きな変革の矢を放ってまいりましょう！

TRY!

志を練る

ＨＳＵを「新しい最高学府」となし、真なる「教育革命」を成し遂げるために、自分自身が貢献したいことについて考えよう。

【主要参考文献〈大川隆法総裁著作〉】
『教育の法』以下、幸福の科学出版
『教育の使命』
『信仰告白の時代』

『奇跡の法』
『「経営成功学」とは何か』
『究極の国家戦略としての「幸福の科学大学の挑戦」』
『幸福の科学学園の未来型教育』
『新しき大学の理念』
「非行防止と宗教の役割」「ザ・リバティ」通巻74号：２００１年6月号
『宗教立国の精神』
『正義の法』
『幸福の科学学園の目指すもの』以下、幸福の科学
「心のなかの思いが未来をつくる現実の力」月刊「幸福の科学」通巻３１5号：２０１3年5月号
『未知なるものへの挑戦』ＨＳＵ出版会

【その他参考文献】

「ザ・リバティ」通巻35号：１９９8年3月号、幸福の科学出版
『現代の松下村塾 ＨＳＵの挑戦』ＨＳＵ出版会編、２０１6年、ＨＳＵ出版会

第4章

伝道実践論①

伝道にトライするあなたへ

1. 伝道の心得

純粋な動機

第1章から第3章では、幸福の科学が目指している「三大革命」を学び、ユートピア建設の目指すべき方向性を学びました。

「三大革命」を起こすために私たちが今、成すべきことは、ズバリ、「伝道」です。幸福の科学の教えを一人ひとりに知っていただき、幸福になっていただくことです。そして、「私は幸福の科学を信じる」という信者（入会者・三帰誓願者）を誕生させていくことです。

第4章、第5章では、「伝道」の実践論を中心に学んでいきます。特に本章では、

「初めて伝道にトライする人のための心構え」を中心に学んでまいります。

① 結果ではなく動機を大事にする

「伝道」と「会社の営業」の根本的な違いとは、なんでしょうか。

営業においては、販売数や契約数などの結果が問われるでしょう。一方、伝道においては、動機が一番問われます。

伝道には不可欠な考え方がある。
まず必要なのは「純粋さ」である。
純粋さこそが伝道の出発点でなければならない。
伝道に取り掛かるにあたって、もし不純なるものがあるならば、
その不純なるものをまず取り除くことが必須となる。

『伝道論』98ページ

「伝道して人に褒められたい」という思いや、幸福の科学の自己拡張欲で伝道をすれば、それは必ず相手に伝わります。当然、伝道は失敗しますし、場合によっては人間関係そのものも終わってしまいます。伝道は、自分のためにするものではありません。

逆に、「本当に相手を悩みから救いたい」「相手に信仰の幸福をお伝えしたい」という純粋な動機で伝道すればこそ、その思いは伝わりますし、相手も幸福になることができます。

大事なことは、「結果主義にならないこと」です。純粋な動機があれば、たとえ断られるとしても、また次のチャンスにつながる伝道ができます。一時的に〝失敗〟に見えることも、長い目で見ればプラスに働くことすらあるのです。

幸福の科学は、会社の営業などのように、「ただ大きくなればよい」という気持ちで活動しているわけではありません。伝道活動は、「一人ひとりの魂を救済する」という意味を持ってやっているのです（『愛、自信、そして勇気』16-17ページ参照）。

何を忘れても、純粋な動機で伝道するということは忘れないでいてください。「純粋な動機」とは何かといえば、「愛の思い」です。

「**現在では、この世を去った人びとの半分以上は地獄に行って**」いる（『幸福への方法』55ページ）と言われています。「このままでは目の前の相手が地獄に堕ちてしまう」「相手の魂は、真理を知らずに苦しんでいる」という事実を知れば、じっとしてはいられません。それが、愛の思いです。

② 感謝から報恩へ

「愛の純度」を高めていくのは、感謝です。感謝から生まれた純粋な愛の思いが、伝道を進めていくのです。

与える愛とは、まず「感謝する」ということからはじまってゆくのです。仏か

らすべてを与えられていることをまず感謝することです。さすれば、その報恩行(ほうおんぎょう)として、仏のつくられた世界になんらかのお返しがしたくなります。他の存在へ愛を与える第一歩が、そこにはじまるのです。

『太陽の法』180ページ

伝道に邁進し、日々、努力するためには、「『自分は、いかに多くのものを与えられているか』ということに感謝し、その感謝の思いから、報恩、『感謝をお返ししていく』という気持ちで、世間様にお返しをしていく。まだ光の行き渡っていない人に光を受け渡していく」というように考えればよいのです。

『愛、自信、そして勇気』31ページ

たとえば、父親への伝道がうまくいかずに悩んでいた人が幸福の科学の精舎で「両親に対する反省と感謝」研修を受け、両親への感謝を深めたところ、父親の態度も変わり、思いが伝わったという成功例もあります。

エル・カンターレの慈悲の光や、多くの方の愛を受けている自分を思い出し、「それに感謝して報いたい」と思っているときにこそ伝道は進むのです。

ここで、一つの体験談を紹介します。

体験談 1

与えられた愛の発見が成功の鍵

「いくら真理を学んでも、人に伝えなければほんとうの智慧にはならないし、主のお役にも立てない。どうして私は、変われないんだろう」――行き詰まりを感じた私は、ある日、一念発起（いちねんほっき）して過去の失敗体験を丹念に振り返っていくことにしました。

どうして相手は自分の話に反発したのか――。Ｉさんとのやりとりを反省していたとき、見えてきたものがありました。

相談を受けたとき私は、失恋したばかりで混乱していた彼女に対して、「煩悩に執われているのね」と判断し、「真理に則って考えたら解決方法はこうよ」と、評論家みたいなアドバイスをしていたのです。彼女の心はどんなに辛かったことでしょう。

そのとき私の心の底には、「私は真理を知っている。あなたは知らない。だから教えてあげるわ」という驕りがありました。

Iさんに対してだけではありません。私は人に真理の話をするとき、いつも相手を見下していたのです。これでは反発されて当然です。相手の仏性に語りかけるどころか、悪い点ばかり見て真理で裁いていました。愛の思いとは正反対でした。そんな気持ちで相手に真理を伝えられるはずありません。

「私が間違っていた！」

目がさめるような思いでした。

「もう一度初心に返って、伝道師として生まれ変わりたい」

そう思った私は、さっそく伝道を開始することにしました。

決意すると、「**まず一人を救え。あなたが、天国で再会したいと願う、その一人をこそ、まず救うのだ**」という『伝道宣言』（24ページ）の一節が頭に浮かんできました。

真っ先に名前が浮かんできたのは、小さい頃から私をかわいがってくれた伯母（おば）でした。私は、「この機を逃してはならない」と、夜分でしたが数年ぶりに伯母の家を訪ねました。突然の訪問に伯母も驚いていましたが、なにかあったのだろうと察してくれ、快く迎えてくれました。

私は、自分の気持ちを正直に話すほかないと思い、言いました。

「伯母さん、今までお世話になって、かわいがってもらってきたのに、お礼も言わず、ご無沙汰（ぶさた）していてすみません。突然来たのは、ほんとうにお世話になった伯母さんに、大切なことを伝えなきゃと思ったからなの……」

話しながら、これまで伯母にしてもらったことが次々と思い出され、感謝の念い
があふれてきました。私は涙声で言いました。
「私が小さい頃、うちの家計が苦しかったときに、伯母さんは、野菜を届けてく
れたよね。すごくうれしかった。私が大学に合格したときも、お祝いに駆けつけて
くれたよね。私、忘れてないよ。ほんとうにありがとう」
聞いている伯母も、目に涙を浮かべていました。
『正心法語』は私の一番の宝物だから、ぜひ伯母さんにもいただいてほしくて。
そう思ったら、いてもたってもいられなくて、こうして来たんです」
伯母は、「直美がそこまで言うなら」と、うなずいてくれました。
翌日、伯母はさっそく支部に来てくれ、三帰誓願したのです。
思いもよらぬ成功でした。以前の私は、「うちの親戚は本をあげても読まないから、
伝道できない」と、決めつけていました。
伯母に三帰を勧めたときの私には、プライドも驕りもありませんでした。ほんと

うに素直に相手に与えられた愛を思い出したとき、謙虚になり、感謝があふれ、心から幸せになっていただきたいという思いが湧きあがったのです。その思いに感応して、伯母は三帰誓願をしてくれたのだと思います。

私は、その日から連日連夜、親戚の家を訪ねて、感謝の思いを伝えながら、同じように話していきました。すると、なんと十人もの方が二週間ほどの間に三帰誓願されたのです。

親戚にしろ、友人しろ、縁があるということは、その方からすでに何かを与えられているものです。相手に与えられてきた愛を振り返り、感謝の気持ちで三帰にお導きする――。「伝道成功の秘訣は、これだ」と確信しました。

伝道ってほんとうに素晴らしい！　今、心からそう思えます。

『伝道の失敗学に学ぶ　パート2　実践編』45－49ページ

③ 慈悲としての伝道

愛の行為にもいろいろあります。たとえば、電車で人に席を譲ることも愛でしょうし、困っている人を助けてあげる、荷物を持ってあげるなどということも立派な愛の行為でしょう。しかし、中でも最大の愛は「伝道」なのです。

なぜかというと、「魂を救う行為」だからです。

人々に対する愛として、いちばん尊いものは、「真理を伝える」という愛なのです。真理を伝えるということが、最も尊い愛なのです。

世界には飢えている人もいます。病気で苦しんでいる人もいます。さまざまな苦労のなかにいる人がいます。

そうした苦労や苦難、逆境があるから神がないのではない。そのような苦難のなかを多くの人々が生きているからこそ、神は必要なのです。

２０１５年12月15日法話「信じられる世界へ」

智慧を広げる愛の行為を「慈悲」といいます（『幸福の革命』１４２ページ参照）。特に、仏の智慧は、人間の魂を救い、成長させるエネルギーです。「仏の智慧を伝えることは最大の愛である」ということを、どうか腑に落としていただきたいと思います。

焦らない

伝道を始めたばかりのころは、断られたりすると非常に落ち込み、結果が出ないことに焦る方が多くいらっしゃいます。

私も、断られて落ち込んだり、焦ったりした経験は数限りなくあります。

しかし、純粋な動機でされた伝道は決して無駄にはなりません。相手の魂を覆っている厚い殻にヒビを入れ、着実に一歩進んでいるのです。

幸福の科学の信者として伝道に励まれている人の中にも、「それぞれ違う人から何回も伝道されて何回も断ってきた」という方がいます。しかし、いろいろな人から伝道され続けてきたことで、少しずつ「本当なのかもしれない」と思うようになっていったそうです。

その断られた伝道が全部無駄で、最後の伝道だけが成功ということではありません。失敗した伝道もすべてが成功につながるステップなのです。

伝道の心得として、二番目に言っておかねばならないのは、「決して焦ってはならない」ということである。
伝道は始めなく終わりなき戦いである。（中略）
あなたがたは、短気であってはならない。

あなたがたは、すぐさま結果が出ないことに苛立ってはならない。
あなたがたは、粘り強く、智慧深く、
うまずたゆまず、伝道していかねばならない。（中略）
「きょうは一つの種をまいたのだ。
あしたもまた種をまこう」と思うことだ。
種をまいても、実を結ぶには時期がある。
その時期をじっと待つことだ。
季節は巡ってくる。
太陽の恵みや大地の恵み、酸素の恵みなど、
さまざまな恵みを受けて、実るべきときに実は実る。
ゆえに、あなたがたは焦ってはならない。
黙々と、黙々と、種をまきつづけることだ。

『伝道論』１０２－１０４ページ

「無限の言葉『仏説・伝道経』」には「それ　伝道は　忍耐なり」という一節もあるように、「伝道は長期戦だ」と腹を据えて構え、短期的な結果に一喜一憂しないことが大事になります。

伝道の最大の敵は悪魔に「失望の楔」を打ち込まれることです（『悟りの極致とは何か』104－107ページ参照）。「伝道は希望だ」ということを思い出し、失敗を成功に変えていくタフな精神を築いてまいりましょう。

教学を忘れない

① 学習即伝道・伝道即学習

仏法真理を学べば学ぶほど、伝道において、真理の言葉がすらすらと出てくるようになります。

伝道の心得として、三番目に言っておきたいのは、
当然のことではあるが、
「伝道の実践を続けるなかにおいて、
仏法真理の学習を忘れてはならない」ということである。
伝道を続けるなかで、学習も続けていかねばならない。
学習とは、あなたがたのエネルギー源、栄養源である。
車を走らせるときのガソリンこそが学習なのだ。
仏法真理の学習を怠れば、
それだけ仏の光のエネルギーが減る。(中略)
仏法真理の書を読み、
仏法真理のテープを聞いて、深く理解すること、

また、講演会やセミナー、研修会等において、心を耕すことである。
これを怠ってはならない。
伝道を隠れみのにして、学習を怠ってはならない。
伝道と学習は相反するものではない。
両者は一致する。
学習はエネルギーの補充であり、
伝道は、進む行為、車を走らせる行為なのだ。
車を走らせるからこそ、
また、学習によるエネルギーの補充が必要となる。
そして、補充された学習エネルギーが、
伝道エネルギーへと転化していく。
これは、たゆみなく循環し、
その仕事の総量を増やしつづけるものなのだ。

『伝道論』106-108ページ

学習してこそ伝道できるし、伝道しているからこそ、学習の必要を感じてさらに学びます。これが伝道の基本的な姿勢です。

探究・学習と伝道を両立させていく上では、「タイムベース・マネジメント」も大事になります。HSU生たちが授業の間のすきま時間に教室やカフェテリアなどで勉強している姿をよく見かけますが、細かい時間も無駄にしないで勉強していくことによって時間の効率化を図ることが可能になります。

また、伝道の中にも意外と無駄な時間があります。一回に2時間、3時間と話しても進まないことはありますし、相手も長い時間をとられるのは嫌なものです。私の経験上、20分、30分程度の短い時間での効率的な伝道を重ねていくほうが効果的であると感じていることを、つけ加えておきます。

仏法真理を学び、探究を重ねていると、それが言魂（ことだま）として出てきます。その言魂が相手の心をストレートに開くのです。

②言魂（ことだま）の力

探究や学習が本物であることは、伝道を通して初めて実証されます。本物か偽物かは明らかに分かります。実力のない人の言うことを、他の人は聞こうとしないものです。口先だけで言っても、人の心は動きません。熱情を込めて本心から言っているからこそ、人の心は動くのです。

仏法真理の伝道は、一回きりのセールスのように、取るに足りない粗悪品を売りつけておいて、「あとは知らない」というものではありません。ある人に仏法真理を勧めたならば、相手の人生に対して責任が生じます。なぜなら、伝道は一回きりのものではなく、以後、相手の人生とのかかわりが生じるからです。

だからこそ、探究や学習が本物でなければならないのです。また、伝道の姿勢

において、誠心誠意でなければならないのです。それが問われます。

『伝道論』192－193ページ

新しく会員になられた方と、出家者や長く学習されているベテラン信者の方が、同じ話をしたとしても、結果は違うでしょう。それは、真理に対する確信が波動となって出ているからです。

仏法真理を深く学び、修行を深め、自分が幸福になり、「仏法真理は本当にすばらしい」という実感を積み重ねてこそ、人に伝わる言魂が出てくるようになります。

伝道を続けていくと、いろいろな人の悩みにぶつかります。家族の悩み、就職の悩み、劣等感の悩みなど、多様な悩みに縦横無尽（じゅうおうむじん）に対応し救っていくには、真理の学習なくしてできません。仏の智慧をお伝えすることが大前提ですが、その上で自分自身でつかんだ気づきも、救済の大きなエネルギーになるでしょう。

まさしく、「学習即伝道」「伝道即学習」であるのです。

のです。

仏法真理の学習を重ね、身についてくるほど、伝道における人格的感化力が大きくなっていきます。伝道では、最後は、自分自身の「人格の力」が勝負をするのです。

③ 人格の力

伝道の成果は、「みずからの人格をいかに築いているか。現時点において、どの程度の評価を受ける人間であるか」ということを如実に表わしています。言葉ではなく、その人の人柄が仕事をする場合があるのです。（中略）

自信や経験、学習量など、その人が過去に培ってきたものの総合力、すなわち人格の力です。人を感化し、承諾せしめるのは、人格の力なのです。

「あなたが勧めるのならば、会員になりましょう」と言われるようになれば、たいしたものです。しかし、幸福の科学の会員として勉強しているならば、それが当然の姿でもあるのです。「あなたが勧めるものなら本物でしょう」と言われるようでなければなりません。

結局、自分自身の姿や、心から出ている波動そのものが伝道であり、「過去、いかに精進して人格を築いてきたか」ということが問われているのです。

「一生懸命に勧めても、だれも会員にならない」という人からは、愛の波動などまったく出ていないのです。そうした人は自己愛でいっぱいであり、人を救う段階ではなく、救われたくてしかたがない段階にあります。その人自身が奪う愛の存在であり、まだ他の人から同情や憐憫（れんびん）を受けなければならない段階にあるのです。

ダムにたまった水が勢いよく流れ落ちるように、みなさんの人格の力も、内部に確固たるものがたまったならば、必ずや激流となって流れ落ち、発電機のタービンを回して電力を供給することができるでしょう。

『伝道論』189-191ページ

たとえば、幸福実現党の活動をしていて、ポスターを貼っていただくようお願いに行くと、承諾してくださる方の多くは、「あなたがいうなら」と言われます。「政策が大事だろう」と思いがちですが、実は人柄の部分が見られているのです。

さらに、信者一人ひとりが幸福に生活をしていること自体が伝道です。その幸せそうな姿を見て、「幸福の科学の教えを学べばこんなふうに幸せになれるんだ。自分もそうなりたい」と思っていただければ、耳を傾けてくださるはずです。

恐怖心の克服

伝道を始めるときにまず戦わなくてはならないのは、自分の恐怖心でしょう。

私も前職時代に伝道しているとき、「人間関係が崩れるのではないか」「自分の評価・評定に影響するのではないか」と、さまざまな恐怖心が出てきました。でも、それは、自分自身がつくりあげた幻影にすぎなかったのです。

幻影におびえてはなりません。それは実は己の心の影にすぎず、相手の心のなかに、自分の臆病なる心、弱き心の影を見ているだけなのです。

相手が「信じない」と言っているのではなく、自分が相手に「信じないでしょう」と問いかけているのです。だから、相手は「そうだ」と答えているのです。

要するに、相手が信じないのではなく、「信じてもらえないのではないか」と自分で思い込み、自分の弱さを他人のなかに確認しているだけなのです。

したがって、自分自身を変えていかねばなりません。

『伝道論』１６８ページ

「相手はきっと信じないだろう」と、ネガティブな予想をしていないでしょうか。

結局、自分の弱さが失敗を呼びこんでしまうのです。ここから、恐怖心を克服するための方法を三つ紹介します。

① 先入観を捨て、相手の仏性を信じる

「この人は唯物論者だから、絶対に受け入れてくれないだろう」と思う相手もいるかもしれません。しかし、どんな相手にも仏性はありますし、いつかは必ず「仏の子」として仏法真理に目覚めるはずです。この事実を受け入れ、信じ切ることで、伝道の恐怖心は薄らいでいくことでしょう。

伝道を怖がる必要はまったくありません。だれもがどこかで絶対に仏法真理を学んでいるのです。そのときの学びが充分でなかったために忘れているとしても、「仏法真理を学ぶのはまったく初めてである」ということは断じてありません。この点について、みなさんはもっと確信を持ってください。

『伝道論』167ページ

「あらゆる人に仏性・神性がある」「人間は仏の子、神の子だ」と言われますが、まさしく、そのとおりであり、人間は、みな、掘り下げれば、きちんと仏の性質や神の性質が出てきます。しかし、掘ることを途中でやめてしまう人が多いのです。

（中略）

本当は、誰の足元にもダイヤモンドの鉱床が眠っているのです。

ただ、もう少し掘れば、それが出てくるのに、その前にあきらめてしまう人が、ほとんどなのです。

『Think Big!』154-156ページ

伝道されて断る方がいても、それは現在ただ今の瞬間だけのことです。環境の変化や心境の変化の中で、必ず目覚めていくのです。「仏性のない人はいない」と信じていればこそ、伝道のとり組み方も変わってきます。

「相手はいつかどこかで必ず救われる」と確信を持って、諦めないでください。「まだ〝鉱脈〟まで届いていないだけだ。もう少し掘り続ければ、もう一回お誘いすれば目覚めてくれるかもしれない」と粘り強くあって。

② 一番怖いことをやってみる

また、恐怖を克服する方法として大川総裁からは、**「自分が最も恐れていることに挑戦する」**と教わっています。

失敗を恐れてはいけません。勇気を実践するに当たっての最大の難関は、**「失敗を恐れる心」**です。恐れるべきは「恐怖」そのものです。恐れるべきは、みなさんの心のなかに潜む「不安」や「恐怖」です。それと闘わなければなりません。

しかし、その不安や恐怖の正体が、いったい何であるかといえば、そのほとんどは、自分がまだ体験していない未知のことに対する、「どうなるか、先が見えない」という、未熟さゆえの不安や恐怖なのです。

私は、みなさんに、「恐怖を消す方法」を教えましょう。

それは、「自分が最も恐れていることに挑戦する」ということです。みなさんがいちばん恐れていることに挑戦し、それと闘ったときに、その恐怖は消えます。

たとえ、この世にて、みなさんが、それに勝利しようと、あるいは失敗しようと、少なくとも、その時点において、みなさんを恐怖させているものの実体は確実に消えます。そして、確かな経験が残るのです。

一つは、「恐怖に打ち勝った」という経験です。もう一つは、たとえ、その高い目標に挑戦して敗れたとしても、「自分は、力を尽くし、智慧の限りを尽くして、精いっぱい闘ったが、勝利に届かなかった」という悔しさが経験として残ります。

しかし、「困難に敗れた」という悔しさは、みなさんにとって、決してマイナスにはならないでしょう。その、いわく言いがたい、やるせなさ、ふがいなさ、自分自身の愚かさを責める心といった、若さにおける悔しさこそ、みなさんが、未来において、数十年にわたって延々と闘い続けるための原動力となっていくのです。

『Think Big!』192-194ページ

大きな恐怖に見えていたとしても、実際に挑戦してみれば大したことがないものです。

たとえば、「父親への伝道が一番怖い」と思うなら、それにチャレンジしてみてください。その時点では〝失敗〟するかもしれませんし、嫌味の一つや二つを言われるかもしれません。それでも、「やってのけた」という自信が残ります。

信仰告白もはじめは怖いものです。しかし、実際に言ってみるとすんなり受け入れてくれたり、興味を持ってくれたりすることも多いのです。その過程で、恐怖心に打ち克つ自分を手に入れることでありましょう。

③ 信仰心を高める

恐怖心と闘う最大の武器は、やはり信仰心です。

恐怖と闘うための最大の武器は、やはり、「信仰」です。信仰によって恐怖と闘ってください。仏神を信じる心、この信仰心でもって恐怖と闘うことです。

『Think Big!』42ページ

伝道は、「仏と一体である自分」を感じることのできる尊い機会です。仏がともにいてくださるのなら、恐れることは何もないのです。

そして最後は「勇気」と「実践」です。次は、天照大神(あまてらすおおみかみ)の霊言です。

本当は、この世との摩擦(まさつ)のなかを乗り越えていく過程において、智慧が磨かれ、胆力が磨かれ、気概が出来上がってきて、それが模範となって多くの人たちを導

いていくことができるのだと思います。

要するに、簡単に言えば、「毎日毎日、何らかの実践行為を伴おう。一歩でも前進しよう」と思うことが大事だし、最終的には、伝道者としては、「傷つくまで人を愛す。自分が傷つくまで愛を与える」ということが大事なのです。

ですから、「愛してるから、黙ってられない」という言い方もありますが、やはり、「愛しているなら、自分が傷つくまで行動してみなさい」と言うことが必要なのではないでしょうか。


『天照大神が語る「幸福実現党の心」』101-102ページ

自分自身が傷つくことを恐れていれば、伝道は一歩も進みません。「傷つきたくない」という自己保身を乗り越えられるか否か、自分自身の信仰と愛が試されていると思い、勇気を持って伝道に臨んでまいりましょう。

ここまで、伝道を始めるときの心構えを点検してきました。この原点を大事にしていただきたいと思います。

2. 伝道の切り口

何を伝えればよいのか

次に、相手に伝えるべきことを整理しましょう。
幸福の科学にはたくさんの教えがあり、経典や法話ＣＤが多数出版されています。
もし、皆さまが学んでいる仏法真理をすべて伝えなければならないといったら、伝える側も聞く側も大変ですし、無理があります。

すべての教えを伝えようとすることはありません。伝道においては「最低限これだけは伝えなければならないこと」に絞ってお伝えするとよいでしょう。

その上で、まず伝えていただいたいことは、『仏説・正心法語』の功徳(くどく)です。

基本的には、やはり、「『正心法語』の功徳」を伝えることです。（中略）

実際、『正心法語』には功徳が非常に多いのです。

『はじめての信仰生活』201ページ

幸福の科学の根本経典である『仏説・正心法語』は「『**般若心経**(はんにゃしんぎょう)』の**一万倍もの効果がある**」（『「幸福の科学教学」を学問的に分析する』133-134ページ）とも言われており、悪霊をとることができますし、精神統一に入りやすい心の状態をつくることができます。実際に『仏説・正心法語』の言魂の凄さに感銘を受け、

「自分も正心法語を頂きたい」と三帰される方が数多くおられます。

二つ目に伝えるべきは、「四正道」です。

何を伝えてほしいかというと、原点に帰れば、愛・知・反省・発展の「四正道」です。「四正道をどれだけ簡単に言えるか」ということが、伝道の原点です。

『伝道Q＆A』２０６ページ

愛・知・反省・発展の四正道は幸福の科学の基本教義です。「この教えに則って生きれば幸福になれる」という「幸福の原理」です。幸福の科学が何を弘めていこうとしている宗教なのかを知ってもらうには、基本教義を伝えるのが効果的です。

三つ目は、教団で起きている奇跡や功徳です。

当会で起きている奇跡や功徳についても、もう一段、勇気を持って話をしていただきたいものだと思います。

それらは、月刊「幸福の科学」や「ザ・伝道」などの布教誌、「ザ・リバティ」や「アー・ユー・ハッピー？」という月刊誌、「フューチャー・エクスプレス」というＤＶＤなど、いろいろな媒体でよく紹介されています。

祈願や祈りをしただけでガンが消滅したり、医者が見放した難病が治ったり、いろいろなことが起きています。これは普通のことではないのです。（中略）

「祈願をしただけで病気が治る」という、医者が本当に頭を丸めたくなるぐらいのことが、現実に起きています。そういう奇跡は、なかなか宗教を信じない人にとっては大事な方便だと思うので、その奇跡を教えてあげてください。

『はじめての信仰生活』２１３－２１４ページ

「医者にも見放された病気が、信仰心によって治った」「奇跡的な出来事が起こり、経済的に好転した」など、さまざまな奇跡が日々、全世界で起こっています。それ自体は教えの中核の部分ではありませんが、信仰に入るきっかけになりますし、伝道のために天上界が奇跡を起こしてくださっているところもあるでしょう。

なお、本節で紹介したのはあくまでオーソドックスな内容です。目の前の相手にあわせた教えを伝える「対機説法」については、第5章第3節を参考にしてみてください。

3. 伝道のプロセス

畑のたとえ

いくらすばらしい教えを伝えているといっても、伝え方の工夫は大切です。そこで、伝道の基本プロセスを「畑のたとえ」で見ていきたいと思います。

① 耕す

まず、伝道の前提条件ですが、普段から人間関係を耕すことが大事です。

伝道とは種まきの作業である。

伝道はまず種まきの作業から始まることを知らねばなるまい。
いや、伝道とは種まき以前の作業かもしれない。
それは「田畑を耕す」という作業なのかもしれない。
種さえまけない土を耕し、種がまける状態にすることかもしれない。（中略）
大地を耕すことは、伝道のための下準備であり、
その環境づくりであると言えるであろう。

『伝道論』104－105ページ

たとえば、幸福の科学の映画が上映される時期にだけ電話をかけて、映画のおすすめをしたとします。おそらく、伝道は思うように進まないでしょう。
日ごろから「寒くなったけど、大丈夫？」「ご家族はどうしている？」などと相手を気にかけ、畑を耕すように相手を大事にしていると、人間関係が伝道を進めていくというところがあります。これは、伝道に対して「戦略的・長期的」な目

を持ちましょうということなのです。

他宗の方がたを見ていても、日ごろから助けあい、深い人間関係をつくる努力をしています。その場だけの関係で御法話をお誘いしたり、選挙のときだけ幸福実現党への投票をお願いしても、なかなかうまくいくものではないのは、相手の立場に立ってみれば分かるでしょう。

信頼関係を育てているかどうか、方法や時期はあっているかという長期的視野も大事なのです。

②種をまく

耕したら、次は「種をまく」ことです。「種をまく」とは、布教誌のポスティングや献本、御法話拝聴会へのお誘いなどの小さな機会を提供することです。種は、たわわに実ることもあれば、枯れてしまうこともあるでしょう。けれども、そもそも種をまかなければ何も育ちません。

一粒の麦が、机の上に置かれたままであるならば、何年たっても一粒のままです。

その一粒の麦が、外でまかれても、岩の上にまかれたものは、すぐに枯れてしまうでしょう。

また、痩せた土地にまかれたものは、多くの実りをつけることはないでしょう。

しかしながら、あるものは肥沃な土地に落ちて、百倍、二百倍、三百倍の実りをつけることになるでしょう。

これが伝道の本質です。

伝道とは、そういう「真理の種子」を宿したと思う人が、自分の身を投げ捨てて、その場で、たわわな実りをつけようと努力することです。

残念ながら、岩の上に落ちることもあるでしょう。

太陽の熱で枯れてしまうこともあるだろうと思います。

あるいは、水分のない、とても固い荒れ地に落ちることもあるでしょう。一生懸命に根を下ろそうと頑張っても、やがて根も枯れ、実りを得ないこともあるかもしれません。

しかし、あなたがたのなかに、百人に、二百人に、三百人にと、その真理の種を広げていける人は必ずいると、私は信じています。

『正義の法』39－40ページ

数多くの種をまきつづけることです。「考えられるあらゆるきっかけを、いろいろな機会に、いろいろな人に提供することだ。これもまた大いなる愛の行為であることを忘れてはならない」（『伝道論』112ページ）という教えもあります。難しく考えずに、種をまき続けることが大事です。

③ 育てる

種をまいたら次は、水をやり、肥料をやり、陽の光をやって、相手の信仰心を育てていきます。

作物に対して水を一時的にたくさんやっても、水をやらない日が一週間も続けば、その作物は枯れてしまうことがあります。そのため、根気よく水をやらなくてはなりません。

また、「強風が吹いたり大水が出たりしたとき、被害を最小限にするにはどうすればよいか」「害虫を防ぐにはどうすればよいか」など、さまざまなことを考えながら育てていかねばなりません。

ここに、ある意味での「愛の本質」があるのです。

『伝道論』69－70ページ

これは「因・縁・果・報」の「縁」にあたる部分です。相手が仏法真理に触れる機会を増やし、粘り強く伝道することです。伝道は、手間暇かけた分、実りをつけるのです。

④ 刈り入れる

「育てるところまでは順調にいくけれども、刈り入れは苦手だ」という人もいます。既に信者になる一歩手前まで来ているのに、「入会しませんか」「三帰しませんか」とお声がけができず、5年も10年も入会・三帰せずにいる方が実はたくさんいるのです。

よく耕し、よく種をまき、よく育てたならば、やがて刈り入れの時が来ます。この刈り入れを、ごく当然にできると考えてはなりません。

柿の実は、熟しすぎると食べられなくなり、木の枝を離れ、地面に落ちてしま

います。また、稲の穂も、実って刈り入れを待っている時に刈り入れてやらないと、やがて腐り、土になってしまいます。

このように、刈り入れの時を知ることは非常に大事です。刈り入れとは、「そのものがいま欲している状態に変えてあげる」ということです。自分に対しても、他人に対しても、刈り入れの時が大切なのです。（中略）

他人に対する愛の行為は、それがどのように実っていくかを、確実な目で見ていくことが必要です。そして、「みずからの思いや行為が必ずしも実を結んでいない」と思うならば、それまでのやり方を考え直し、「あの人の欲するものは何か。あの人にとっての成果、実りとは何か」ということを考えねばなりません。

また、本人は気がついていないけれども、すでに熟してきており、「もう刈り入れなければならない」と思えたときには、それを教えてあげることも大事です。

『伝道論』72－74ページ

相手は背中を押してもらうのを待っています。もし、どうしても自分で言えなければ、支部にお連れして支部長におすすめしてもらってもよいのです。相手にとって必要だと思うことならば、勇気を出して入会をお勧めしてみてください。

示(じ)・教(きょう)・利(り)・喜(き)

「畑のたとえ」で伝道のプロセスを見てきましたが、ここでもう一つ、仏教でも言われている「示(じ)・教(きょう)・利(り)・喜(き)」という伝道のステップを紹介します。

「示・教・利・喜」は伝道のステップとしてきわめて大事なものです。古くからある考え方ですが、いまでも生きています。

この段階を踏んで伝道した場合には、伝道された人は信者として末永く活動することが多いのですが、この段階を踏まないで伝道すると、一時的には会員になっても、やがては消えていくことが多いのです。「手間暇をかけたほうが、最後には勝利することが多い」ということです。

「幸福の科学とは何ですか」と訊かれて、「本を読めばわかります」と答える程度の伝道をしていたのではいけません。そのような、結論を急ぐ伝道をしている人は、先行きに無理があると思ってください。人間は納得しないとなかなか動かないものなので、相手を納得させる技術を学ぶことが必要なのです。

『伝道論』237－238ページ

「示・教・利・喜」とは、相手の心境にあわせた段階を踏む伝道方法です。

まずは、「示」です。

初めて話す相手や、それほど仏法真理の話をしたことがない相手に対しては、まず、教えの簡単な骨格、あるいは教えの中心部分を示す必要があります。これが「示」です。

『伝道論』233ページ

たとえば、家庭問題で悩んでいる方がいれば、「実は、『奪う愛』というのがあると、悩みが生まれてしまうんです。自分から『与える愛』をしてみませんか？悩みが解決していきますよ」とアドバイスをします。

「それはなぜなのか、どうすれば学べるのか」と興味を持ってもらえたら、教義を詳しく教えて差し上げることです。次の「教」の段階に入っていきます。相手の興味にあわせた経典を献本したり、御法話拝聴にお誘いしたりすることで、教義を知ってもらいます。

その次は「利」になります。これは、「教えを実践してみたところ効果があった。

幸福になれた」という体験です。

教えを実践してみて効果が出ると、人はその教えを信じます。教えの効果を個人的に実感できないと、なかなか信じるところまでいかないことが多いのですが、病気が治るなど、教えの効果が自分の身に現われると、「ほんとうだ。これはよい教えだ。正しい教えだ」と感じるのです。

『伝道論』236ページ

そして最後は「喜」です。

教えを信じ、信者となった人に、「あなたも私たちと一緒に仏法真理の学習や伝道をしてみませんか。仲間として一緒に活動しませんか」と声をかけると、その人は喜んで活動するようになります。

「この教えはほんとうに素晴らしい。自分も変わったのだから、他の人も変わってほしい」と思い、喜んで伝道をします。また、セミナーなどにも喜んで出かけます。これが「喜」です。

真の教えにふれて自分が変わると、必ず喜びが出てきます。そして、その喜びを他の人に分け与えたくなるのです。

『伝道論』237ページ

喜びをもって三帰誓願された方は、熱心に活動されます。

この喜びに至る四つのステップを踏んだ伝道をしてまいりましょう。

幸福の科学の信者になる功徳

入会・三帰誓願にお導きする意味とはなんでしょうか。

一つ目は、「悪への抵抗力がつく」ということです。

当会の信者になると、何かと「目に見えない力」によって護られることが多いと思います。

本当に、「幸福の科学に入会し、会員あるいは三帰信者になって、そのあと損をするようなことはまずない」と言ってよいでしょう。

幸福の科学に入会すると、どのような功徳があるのでしょうか。

この世に生きている間で言うと、まず、悪霊の憑依(ひょうい)等に対して非常に免疫力が強くなってくるので、悪のほうに引っ張っていかれることに対する抵抗力がついてきます。
それから、「悪友、悪い友達のように、自分を陥れるタイプの人が遠ざかってい
き、逆に、善い人、善なる魂を持っている人が近寄ってくる」という傾向が出て
きます。

『「エル・カンターレへの祈り」講義』１４３-１４４ページ

これは、「波長同通の法則」ともいいます。心に善きものを育てていると、善に
反する人は自然とはじかれ、人間関係が改善していくのです。
二つ目の功徳は、人生が好転することです。

また、守護霊や指導霊などから常に指導を受けるので、仕事の面や人生の悩み
の面でも、道が開けていくことがよくあります。
さらには、病気をしても、奇跡的に回復することも数多く起きています。

そういう意味で、功徳は非常に大きいのです。

そして、何よりも、「人生に生きがいが出てくる」ということが大きいと思います。「『人々の役に立っている』と思える」ということは、やはり、生きがいであり、うれしいことだと考えます。


『「エル・カンターレへの祈り」講義』144-145ページ

このように、あの世からの積極的な助力をいただけるようになります。守護霊とは、私たちの魂修行を見守り、導いて下さる存在です。幸福の科学の信者になると、幸福の科学指導霊団の高級霊の方がたから守護霊に対して、指導が始まります。そして、地上の本人がさらに人生の使命を果たせるよう、アドバイスを受けられるのです。

それは、魂の向上にもつながります。これが、功徳の三つ目です。

幸福の科学というところは、いったんここで己（おのれ）自身を見つめるということを始めたならば、もはや逃げ場のない世界でもあるのです。絶えざる自己変革を求められるところなのです。

なぜならば、当会で説かれている真理とは、「人類の理想」であります。日々、その人類の理想を胸元に突きつけられて、会員として「正しき心の探究」をしつづけるということは、そのままではいられないということです。

変革することを余儀なくされるのです。自己を変えてゆこうと思うからこそ、会員としての資格を維持することができるのです。

『悟りの極致とは何か』84ページ

幸福の科学で心の修行を始めると、天上界からも「仏に向かって歩んでいきなさい」と、自己変革、魂の向上が常に求められます。

三帰誓願することを「トワイス・ボーン」といいます。それまでの三次元を軸にした生き方から、仏とともに生きる「霊的な人生」へと生まれ変わるのです。

「入会が許された日には、まさにみなさんの心の歴史である『想念帯』というテープレコーダーのなかに、金色の文字で、その日が刻印され」るといいます（『悟りの極致とは何か』88ページ）。こうして、悟りへ道を進み始めるのです。

さて、四つ目の功徳は、「エル・カンターレ系霊団に入る」ということです。

幸福の科学の正会員であるということは、単に会員リストに名前が載っているというだけのことではありません。実はそれ以上の意味があるのです。（中略）
幸福の科学を中心とする人類幸福化運動は、この七色光線の中心である黄金の光線、仏教的なる色彩をもった金色光線という中心光線の集まりなのです。幸福の科学の正会員になる人たちは、この黄金光線系統の魂系団のなかに組み入れられます。
魂系団に入るとはどういうことでしょうか。それは、今世において黄金色の光線のもとに真理流布の仕事をすると同時に、この地上を去った世界において、仏弟子として生きてゆくということなのです。

『悟りの極致とは何か』86-87ページ

そして、魂系団に入ると、地上の生命を終えたときにお迎えがスムーズに来ます。また、万一、地獄に堕ちたとしてもエル・カンターレ系霊団の仲間が救いに来てくれます。このように、魂の拠り所ができるという意味は非常に大きいでしょう。

さらに、信仰心を持つということは、天国に還れるという「来世保険」に入ることと同じです。

「かたちだけ、名前だけの会員です」というような人については何とも言えませんが、きちんと幸福の科学を理解し、当会に賛同する気持ちがあり、ある程度、信仰心があって会員になっている人に対しては、「亡くなったあと、あの世の天国、天上界に、絶対にお還しいたします」と言うだけの気持ちを、私は持っているのです。

したがって、「幸福の科学の会員になっていれば、死後、地獄に堕ちることは、まずありません」ということを、はっきりと言っておきます。

『はじめての信仰生活』28ページ

幸福の科学の一員となり、きちんと学習・修行をしていれば、原則、天国に還れることが保証されているのです。

本章では伝道を始める方がたにとっての心構え、切り口、プロセスを学んできました。ぜひ、伝道の実践にとり組みながら、これらの心構えを身につけていっていただきたいと思います。

TRY!

伝道にチャレンジ

具体的に、献本、布教誌の配布、御法話拝聴会へのお誘い、入会や三宝帰依への誘いなどを実践し、それによって得られた教訓や智慧、成功体験などを法友と話しあってみよう。

【主要参考文献〈大川隆法総裁著作〉】

『幸福への方法』以下、幸福の科学出版
『太陽の法』
『幸福の革命』
『悟りの極致とは何か』
『Think Big!』

『「幸福の科学教学」を学問的に分析する』
『正義の法』
『伝道論』以下、幸福の科学
『愛、自信、そして勇気』
『はじめての信仰生活』
『伝道Q&A』
『「エル・カンターレへの祈り」講義』
『天照大神が語る「幸福実現党の心」』幸福実現党

【その他参考文献】

『伝道の失敗学に学ぶ　パート2　実践編』幸福の科学 活動推進局編、2003年、幸福の科学

第5章

伝道実践論②

基本動作

HAPPY SCIENCE

1. 伝道の基本動作

伝道の理想的なサイクル

本章では第4章に続いて、伝道の実践論のうち、「伝道の基本動作」について学びを深めてまいります。

三帰誓願者に限定で下賜されている『エル・カンターレへの祈り』には、経文「伝道参加のための祈り」が所収されており、ここには各種の伝道活動によって生まれる「善の循環」が示されています。それは、「**布教誌の配布**」「**献本**」「**説法**」「**三宝帰依者の輩出**」「**大黒天の出現**」「**在家菩薩の活躍**」「**仏法真理の広宣流布**」「**仏国土の出現**」「**地球ユートピア化の実現**」です。そして経文は、「**これらが**

すべて善の循環となって永遠につながってゆきますように」と続きます。

また、『支部発展のための祈り』に所収されている「新三帰者に期待すること」には、幸福の科学の信者に求められる実践徳目が挙げられています。

②伝道（新しい信者づくり）
④布教誌配布
⑤真理の書籍献本
⑥「ザ・リバティ」「アー・ユー・ハッピー？」献本

「新三帰者に期待すること」より一部抜粋

こうしたものを見ると、主エル・カンターレが願われている伝道師の具体的な姿が見えてくるのではないかと思います。

2. 布教誌の配布、献本、御法話へのお誘い

伝道の方法A　布教誌の配布

布教誌配布は、伝道に踏み出す際、一番トライしやすいものだと思います。方法としては、街頭などでのお渡しやノック伝道（地域のお宅を訪ね、興味を持たれた方に伝道する）、ポスティング（地域のお宅のポストにお届けする）などのスプレッド（普及活動）があります。

そして、縁ある方がたに継続的に布教誌をお渡しすることは、伝道の種まきにもなるでしょう。

幸福の科学の布教誌には、以下のものがあります。

◇月刊「幸福の科学」……大人気の巻頭言「心の指針」やその月の「法話・霊言」、幸福体験談、幸福の科学グループの情報など、教団の今が分かる機関誌。

◇「ザ・伝道」（隔月刊）……病気、嫁姑問題、失業、ウツなど、人生でぶつかる悩みを仏法真理で解決した人の体験談を掲載。

◇「ヘルメス・エンゼルズ」（月刊）……「勉強する理由」「友達のつくりかた」「将来の夢の描き方」など、楽しく学べて、子どもたちの心も成長する小冊子。

◇「ヤング・ブッダ」（月刊）……勉強や就職、人間関係や自己実現など、学生・青年の悩みを一緒に考え、解決する「Happy life style Magazine」。

◇「What's 幸福の科学」（月刊）……「人間関係」「成功」「スピリチュアル」「時事問題」など、ワンテーマに絞り込んだ8ページの小冊子。

布教誌配布の良いところは、迅速にたくさんの方にお渡しすることができることです。「地域に対する種まき」にもなります。

東日本大震災の直後、「布教誌をしっかり配布していた地域が被災を免れた」という報告が相次ぎました。広島大水害のときにも、布教誌配布を頻繁に行っていた地区は、被害がほとんどなかったという報告もあります。

また、長年、布教誌配布を続けているお宅を訪ねると、「布教誌を楽しみに読んでるよ」といって、多くの入会者が誕生している事例もあります。

私も選挙活動で地域のお宅を回っているときに、布教誌を読んでいるという方が「一票入れるよ」といってくださることが数多くありました。

布教誌は、幸福の科学のすばらしさを多くの人びとに知っていただく大きなきっかけになるのです。

伝道の方法B　献本

仏法真理の書籍（経典）を差し上げることを、献本といいます。一冊一冊の経典には、主の願いが込められています。

私の書籍は多くの方がたに読まれています。そのこと自体は、もちろん著者としてうれしいことですが、それ以上に、「一冊一冊の書物が一人ひとりの手にわたり、そのなかから何かその人の人生にプラスになることを、ひとつでもふたつでも見つけていただけたら、どれほどうれしいか」と思って、私は書物を書いているのです。いろいろなテーマで書いていますが、一冊でもその人の心に響くものがあればと思っています。一冊の本を、人は求めているのです。いや、一冊の本ではなく、「ひとこと」を求めているのです。自分を幸福にしてくれる「ひとこと」を――。
　その幸福とはどのようなものでしょうか。今、自分自身が当面持っている悩みを解決する鍵を求めている人びとが、全国に満ちています。その人たちに幸福になるための鍵をさしあげたいのです。「これで、その悩みは解決するはずだ」ということを、教えてあげたいのです。それが私のよろこびでもありますし、おそらくみなさんご自身のよろこびにもなってゆくだろうと思います。

『光ある時を生きよ』20‐21ページ

　経典を霊的な目で見れば、金色に光っているといいます。経典は、ただインクが刷られた紙の集合体ではありません。その本質は「主の御心」そのものであり、非常に尊い光に満ちた宝物なのです。
　こうした経典を献本し、相手の心まで届けることが、私たちの責務です。

① 一言つけ加える

献本するときには、ただ渡すだけでなく、「何か一言つけ加える」ということにトライしてみていただきたいと思います。

大川総裁は、このような例を出されています。

天照大神(あまてらすおおみかみ)の霊言(『天照大神の未来記』〔幸福の科学出版刊〕)が出たとき、世間では、「今年は伊勢神宮の式年遷宮(しきねんせんぐう)の年なので、参拝者が一千二百万人も来る」と言われていたので、当会の信者は、伊勢神宮前で三千冊ぐらい献本をしたそうです。

〈中略〉

その報告を聞き、私は、「ただ配るのではなく、何か一言ぐらい付けたほうがよい」と言ったのです。「『天照大神の霊言です。どうぞ』と言い、受け取ってくれる人だけ、本をもらっていく」という感じではなく、やはり、何か一言、欲しいところではありますね。

例えば、「鳥居をくぐって、お賽銭(さいせん)を投げることが、信仰ではありません。天照様という方は、霊界に本当にいらっしゃるのです。それを信じることが、信仰なんですよ」というようなことを言うわけです。

それで、立ち止まった人から、「それは、どういうことですか」と訊かれたら、「この本に書いてあることは、そういうことなんですよ。参拝者は、ここの建物を見て、天照様を感じ取ります。それも伊勢神宮の役割ではありますが、手を合わせて二回叩くとか、お賽銭を入れるとかいう儀式や、建物が目的ではなく、本当は、その奥にある尊いものを信じているわけです。そして、『その尊い方は、どのようなお考えを持っているか』ということが、この本に書かれているのです。例えば、こういうことが述べられています」ということを言って、相手に印象を打ち込むのです。

人によっては、そこまで打ち込めたら、献本も生きてくることになります。しかし、たい焼きを配るように、ただ配っているだけだったら、もらってくれるか

もしれませんが、帰りの駅のゴミ箱に捨てられる可能性だってないわけではありませんね。

やはり、「一言で勝負する」「〝一刺し〟で勝負する」「十秒で勝負する」というところを持っていなければ、プロフェッショナルではありません。

『伝道に勝つ遺伝子』41－43ページ

単に「読んでください」というのではなく、「私はこの一冊で悩みが解決しました」とか、「この中に書いてあることがあなた自身を変えていきますよ」というと、相手も読んでみようかと思うものです。

たくさん言うことは難しいので、相手の心をひっくり返す一転語（いってんご）を磨くとよいでしょう。

②準備する

次に、相手にあわせた準備をしていくことも大切になります。

たとえば、新聞広告をコピーして持って行ったり、「年間書籍発刊数が、ギネス世界記録になったんですよ」と言ったり、「天使のモーニングコールというラジオ番組に出ているんですよ」と紹介したりします。幸福の科学にはさまざまな媒体があり、幅広く活動しているので、「どうすれば相手にアクセスしやすいか」ということを勉強し、考え、勘を働かせることが大切です。（『伝道に勝つ遺伝子』56－60ページ参照）

相手の興味を引く創意工夫をし、相手の心を動かす工夫ができれば、社会に出て仕事をするときにも、役に立つと思います。

布教誌・献本の注意点

献本や布教誌の配布において注意しなければならないことがあります。それは、「単なる作業ではない」ということです。

真理を広げようとしているときであるからこそ、その行為の一つひとつのなかに、限りなく愛を込めていくことが大切なのです。

差し上げる一冊の書物に愛を込める。語りかける一言の言葉に愛を込める。その眼差し一つに愛を込める。その自分の人生の一歩に愛を込める。小さな者の手を握る、その掌（てのひら）にも愛を込める。ささやかな便箋一枚の手紙にも愛を込める。自分がなそうとしている、一つひとつの小さな事柄のなかに愛を込める。それが大事なことなのです。

愛は、小さなところから発展していきます。手近なところから発展していきます。身近なところから発展していきます。

『発展思考』188ページ

献本においても、「ただ、本を配ればよい」と思っているのでは駄目ですが、「この一冊の本が、この人を立ち直らせるかもしれない。この一冊の本が、この人を救うかもしれない。この一冊の本が、この人の将来を変えるかもしれない」という強い信念を持っていると、やはり説得力が出てきます。

『宗教と経営』42-43ページ

「差し上げる本の一冊一冊、語りかける言葉の一言一言に、愛と信念をこめてお渡しすること」が献本です。

どうして献本するのでしょうか。それは、失意や劣等感、挫折の中にあっても立ち直り、明るく積極的になれる言葉や人生のヒントとなる智慧が大川総裁の経典には満ち満ちているからです。

私も落ち込んだときは必ず経典を読みます。大川総裁の経典はどこを開いても、そのときの自分に必要な、幸福になるための言葉が書いてあるのです。

「西遊記」は、玄奘三蔵（三蔵法師）が命がけでインドまで経典を求めにいく物語です。現代の私たちは、簡単に書籍を手に入れることができるため忘れがちですが、経典というものは、本来、命をかけてでも得なければならない「宝の山」なのです。

このように、経典のすばらしさを確信し、強い信念をもって献本していれば、「興味はありません」と言われた程度では終われないでしょう。「この一冊の経典が、あなたの人生を好転させる」という強い信念があってこそ、献本は相手の心に届くのです。

献本の霊的な意味

さらに、献本にはどのような霊的意味があるのかを見ていきたいと思います。

会員の方は、まず書籍を差し上げるというかたちでの伝道から入っているでしょうが、この光の書物がゆきわたっていくということは大事なことなのです。光の書物がひとつの家に一冊入ってくるということは、これは金色の楔(くさび)が一本打ち込まれたことと同じなのです。これで足がかりができるのです。これで守護霊、指導霊の世界に通じる足がかりができるようになってきます。

『信仰と愛』165ページ

このように、献本によって相手の霊的環境を変えていくことができるのです。

また、天上界との足がかりができるだけでなく、悪霊・悪魔を追い出す力もあります。

悪魔は、仏の法力をかなり感じているのです。書店やいろいろな所に当会の書籍が出ています。私の講演会では大勢の人が聴いていますし、講演会の衛星中継も全国各地で開催されています。悪魔にしてみれば、これは空爆されているのと同じなのです。仏法真理の書籍、あるいは講演会やセミナーによって、日本国中で空爆されているのです。〝光の爆弾〟が落ちつづけ、悪魔は常にやられていて、逃げまどっています。「また落ちてきた」と言って、そのまわりを逃げまわっているのです。

たとえば、ある家庭のなかに悪魔が入り込んでいたとします。その家庭で、一人が私の本を読んで勉強しはじめたとしたら、これは爆弾が一つ落ちたのと同じなのです。悪魔は逃げまどっています。そのまわりの人のところへ行って攪乱し、真理の縁に触れた人を追い出そうとしたりしています。あるいは、家族の一人が私の講演会に誘われて、私の講演を聴いてしまった場合も、これと同じです。今、全国各地で、こうした戦いをしているのです。

『仏陀の証明』334-335ページ

献本によって家の中で自由にのさばっていた悪霊・悪魔に〝光の爆弾〟が落ち続けるということです。

さらに、経典の功徳はこの世だけのものではありません。死後、もし暗い世界に還(かえ)ったとしても、生前に一冊でも読んでいればそれが救いのよすがになります。

この話を嘘だと思う方もいるかもしれませんが、たまたまでも義理でもかまいませんから、できたら私の本の一冊でも読んでおいていただきたいし、講演やセミナーを一回でも聴いておいていただきたいのです。そして、心のどこかに、その

話を置いておいていただきたいのです。

そうすれば、ストーンと堕ちてゆくときに、なぜ堕ちてゆくのかがよくわかります。「ああ、これが昔聞いた、あの話か。俺が、いわゆる悪人にあたるわけだ」というのがよくわかります。これは問答無用です。まわりの世界を見れば、言い訳がききません。錯覚ではなく、そのとおり起きてくるのです。

ですから、あとあと対策が立ちやすいという意味において、できたら生きているうちに一回ぐらいは仏法真理の縁に触れておいたほうがよいと思います。

『悟りに到る道』27－28ページ

あの世では、神仏と全く縁のない人は、なかなか救われません。しかし、たとえ経典一冊だけ、あるいは一回でも御法話を拝聴したことがあれば、それが救いのよすがになるのです。芥川龍之介の「蜘蛛（くも）の糸」のようなものです。

お年寄りの方にも知っていただきたいことですが、「**当会でしっかり勉強すれば、**

優秀な成績で今世を卒業し、スムーズにあの世へ移行できる」（『幸福へのヒント』168ページ）とも言われています。

伝道の方法C　御法話拝聴へのお誘い

布教誌や経典をお渡しして、さらに興味を示してくださった方には、御法話拝聴会にお誘いしてみましょう。

支部や精舎での御法話拝聴、あるいは講演会や御生誕祭、エル・カンターレ祭に参加いただき、直接あるいは映像で御法話に触れていただくことは、大きな意味があります。また、「本はあまり読まない」とおっしゃる方にも、法に直接触れていただき、教えに感動する機会をお与えすることができます。

御法話拝聴の功徳

御法話拝聴には、多くの功徳があります。御法話を拝聴されて、心のあり方が変わり、人生が一変したという事例は数限りなくあります。また、それまで歩けなかった方が杖もなくスタスタ歩けるようになったとか、御法話を拝聴された方のご家族の病気が治ったとか、長年の悩みが解けて数十年ぶりに晴れやかな気持ちになったとか、人生が好転した例は挙げればきりがありません。

どうしてこのような功徳があるのでしょうか。実は、御法話を直接拝聴することは、活字で読むときの約6倍の霊的パワーがあるとも説かれています（『悟りに到る道』177ページ参照）。霊的パワーとは、その人に悪さをしている悪霊を吹き飛ばしたり、その人の心の〝不幸の元〟になっていた考え方を、クルッと転回させる力です。

直接拝聴することまではおよばないかもしれませんが、DVD映像にもかなりのパワーがあります。
こうした霊的パワーの理由を見ていきましょう。

① 命がけの説法

大川総裁は、今までに2500回を超える説法を説かれていますが（2016年8月現在）、その一つ一つを、一期一会の思いで説かれています。

いつも、私は「一期一会」のつもりで話をしました。
「もし、私の語ることが、
人々に受け入れられることがなく、
心に響くことがなく、
みんなが、それを聴いて、

『偽物だ。本物ではない』と思うならば、
それまでである。
しかし、信ずる人がいるならば、
『また話を聴きたい』というかたちで
戻ってくるであろう」
そのように思っていました。

そういうことで、
一回一回の説法に命を懸け、
「一期一会」と思って、やってきました。

『信仰を守る勇気を』28-30ページ

このような命がけの説法だからこそ、聴いた人も心を揺さぶられるのです。

また、大川総裁は、毎回毎回異なる教えを説かれます。

これまで、私は講演や法話を何百回したか分からないぐらいですが、一回も同じ話はしていません。毎回、違う話をしています。その意味で、みなさんも学びにくくて大変でしょうが、私から言えば、これは説法をする側の良心なのです。新しい作品をつくるようなつもりで、一つひとつ丁寧に、新しい説法を重ねていっているのです。

「一つ残らず勉強していただきたい」ということで、人間が悟りを得て幸福になるために必要だと思われるテーマを、一つひとつ押さえていっています。「これも必要だろう。あれも必要だろう」と思って、やっているのです。

『幸福の法』233-234ページ

大川総裁がこれだけの内容の教えを説かれるのは、そのバックグラウンドにおいて膨大な勉強をされているからです。そのような不惜身命(ふしゃくしんみょう)の念(おも)いで説かれた教えを聴いている私たち仏弟子の側にも、さらなる覚悟、伝道への命がけの思いが必要なのではないかと思います。

その命がけのご説法に、友人や知り合いをお連れすることは、相手への最大の愛であるとともに、主エル・カンターレに対する報恩でもあると思います。

②御法話拝聴の一時間は「何千年分」もの学習価値に匹敵する

私たちの一時間の過ごし方には、経典を読んだり、勉学に励(はげ)んだりする一時間もあれば、ゲームをして遊んだり、友達と出かけたりする一時間もあります。しかし、同じ一時間でも、御法話を拝聴している一時間は、その人の魂にとって、「何千年もの学習価値に匹敵する」と言われています。

私たちが生きているなかに、相対的時間と絶対的時間があるのです。相対的時

間は、他人と共有される時間、他人と同じように物事を処理し、生きていくための生活時間です。それに対して、絶対的時間は、真理に関することに使った時間であり、これは無限に広がっていく時間なのです。

たとえば、釈尊という人が説法をした一時間という時間は、二千年にも三千年にも引き伸ばされていく時間です。また、その説法を聴いているときに費やした一時間は、その人の魂にとって、何千年もの学習価値に匹敵するでしょう。

こうした絶対時間の量を増やしていくことが、実は人生に勝利していくための偉大なる秘訣であるということを、私は語っておきたいのです。絶対時間の量を増やすことが、結局は、みなさんが勝利していくための方法でもあるのです。

『若き日のエル・カンターレ』200-201ページ

「時間」という観点で見ても、御法話はそれだけ魂の深いところに残る宝物になっていきます。

③ 天上界のエネルギーの奔流

前述のように大川総裁は、この世的努力としての勉学を重視されていますが、指導霊から霊的なインスピレーションも受けられています。

御法話のすばらしさはもちろんその内容にあるのですが、拝聴することによって高次元の天上界からのエネルギーを浴びることができます。

講演会やセミナーというものは、決して、みなさんの単なる暇つぶしのために行なっているわけではないのであります。今という時代のこの認識を、是が非でも得ていただきたいのであります。真理のことばも活字となっては、他の凡百の書物と同じように並べられ、その違いが、その光が、そのエネルギーが、どれほど違っているかがわからなくなってしまいます。それゆえに、講演会などで、直接みなさんにお話をしているのであります。

私の話は、私の話であって私の話ではないのであります。大川隆法の講演会であって大川隆法の講演会ではないのであります。私のことばが一体どこから出ているか、みなさんにはおわかりでしょうか。（中略）それは、二千年の昔にイエスが語ったと同じく、あなたがたが認識し得る世界のなかで最も権威を持つ世界から出ているエネルギーなのであります。そして、このエネルギーは、みなさんがたとえ地上を去ったとしても、直接に触れることはできないのであります。その機会が、今ここに、現成（げんじょう）しているということを知っていただきたいのであります。

『ユートピアの原理』177-178ページ

幸福の科学の信者の多くは、大川総裁の説法を拝聴する中で魂の使命に目覚め、活動しています。

さまざまに述べてまいりましたが、生きて仏と相まみえるという奇跡は幾千万年、幾億年の幸福に匹敵すると言われています（『仏陀再誕』268ページ参照）。

今後、数百年、数千年と教えが語り継がれ、未来の人類も主の法を学ぶでしょう。し、私たちも生まれ変わってふたたび学ぶことになるでしょう。しかし、そのときにはじめてエル・カンターレの法に向きあうのでは、遅いのです。今が、「千載一遇」のチャンスなのです。

ここまで学んできた布教誌配布、献本、御法話拝聴会へのお誘いは、相手の魂に永遠に遺る宝物を与える愛の実践行為であるということです。

3. 対機説法

さて、献本や御法話拝聴のほかにも、伝道の方法はあります。それは、私たち自身の言葉で伝える方法です。説法は、大川総裁だけがされるものではなく、信者である私たちにもできるのです。ここでは、どのような心がけで仏法真理のお話をしていくかについて、学びを進めてまいりましょう。

聴くことの重要性

伝道に失敗する人の多くは、自分が一方的に話してしまうというパターンに陥りがちです。

この点では、営業にも学ぶことがあります。たとえば、自社の製品のすばらしさについて語るだけでは相手は辟易(へきえき)してしまい、決して契約はとれないでしょう。「貴社のような使用量の多い会社なら、このプリンターを使うことで、月々これだけの印刷代を節約できます」というように、相手のニーズにあわせた説明をすれば聞いてもらえます。ここに、「相手の立場に立つ」という努力があるのです。相手の立場に立つには、まず相手の気持ちを理解するところから始めなければなりません。

「理解した」ということは、「愛した」ということと、ほぼ同義なのです。愛せないのは、理解できないからです。（中略）

対機説法についても同じであり、どれだけの人を理解できるかが大事だと思います。

自分と合うタイプの人にしか話が通じないのであれば、仏法真理の話のできる範囲が狭まってしまいます。（中略）

愛の器を広げるために必要なのは、まず理解力です。人を理解する力です。これは、努力すれば身につきます。経験を積んだり、知識を増やしたりしていけば、人を理解できるようになるのです。

理解できた相手のことは、愛することができます。また、「自分は理解された」と思った人は、「自分は愛された」というように感じるのです。

『幸福へのヒント』２１５‐２１７ページ

相手を理解することは、伝道の出発点です。私の経験上、伝道の８割は聴くことで、仏法真理を伝えるのは残りの２割です。

相手を理解するためには、相手の言うことをよく聴くことも大事です。相手の話をよく聴いてあげると、相手を理解できるようになります。

たいていは、自分の話を一方的に押し付けているのであって、相手の話を聴いていないのです。（中略）

相手を理解するためには、聴く能力を高めることです。「相手の話を聴いてあげよう」と思うことも愛の心なのです。

『幸福へのヒント』217-218ページ

「相手の話を聴く」というのも、思いのほか難しいものです。相手が聴いてもらいたいと思っていることを、魂に寄り添いながら、相手の仏性を引き出していくように聴くことを「傾聴（けいちょう）」といいます。

「自分の話を聴いてもらえた」というのは、大きな喜びです。理解してくれたという安心感にもつながり、心を開いてくれるのです。そこから伝道は始まっていきます。

相手を否定したり、裁いたりしない

仏法真理を学んでいるとつい、話を聴いているうちに真理でもって相手を裁いてしまうことがあります。

しかし、相手は裁いてほしくて悩みを相談しているのではありません。話を聴いて共感してもらいたいと思って話しているのです。相手が今までの人生で苦しい思いをしてきたというのなら、「それは反省しなくてはいけませんね」と返すのではなく、「ああ、お辛(つら)かったですね」と受け入れるべきなのです。

ストレートに裁いてしまえば、もうその人は二度と相談したくないと思うでしょう。まずは、相手の心を包んであげることです。そして、献本や御法話、法談を通じて、「相手自身に気づいていただく」という配慮が必要なのです。

仏法真理によって裁くのではなく、共感してあげてください。相手に関心を持ち、愛を持って接していれば、その人が本当に望んでいることが分かります。
大切なのは、相手の立場に立つことです。これは伝道だけではなく、人間関係や仕事能力、商売などにも通じる心がけでしょう。

「商売繁盛のコツとは何か」ということについて、結論を一つだけ述べるなら、それは、「人に感動を与える」ということです。（中略）
結論はこれだけです。あなたの言葉や態度、あなたが売った商品やサービスなど、さまざまな仕事を通して、相手に感動を与えることです。
これに成功し続けることができた人は、どのような業種であっても、仕事が上向きになっていくことは確実です。
大勢の人に感動を与えることができる社長の下、その影響を受けて、社員も同じように一丸となって、お客様に感動を与えることができるようになれば、その会社は確実に発展するでしょう。

宗教でも同じことが言えます。伝道を進めるためには、やはり、相手に感動を与えることが大事なポイントになるのです。

感動を与えることさえできれば、どのような事業であっても、必ず前進します。

（中略）

感動を与える方法は、相手の気持ちや考えていることを察し、「相手にとって、今、必要なものは何か」ということを読むことです。

そこにかけるエネルギーや智慧、あるいは言葉を惜しんではいけないのです。

『経営入門』18－22ページ

自分を知り、相手を知る

これは一つの人間学にもなりますが、相手を知るためには自分を知らなくてはなりません。

他のびとの心のあり方を掌握するためには、まず、みずからの心のあり方を掌握する必要があります。それには、「自分は常日ごろ何を考えているか」「自分は現在ただいま何を考えているか」という二点を知っていなければなりません。それが自分自身の真なる姿なのです。

みずからの真なる姿を知ることなくして、他の人の真なる姿を知ることは不可能です。自分を知ることが、他人を知ることにつながっていきます。自分を充分に知らない人は、他人を知ることができません。自分を知ることができる尺度によって、他人をも測ることができるのです。まず、みずからを深く知っていくことが大事です。

『伝道論』63ページ

自分自身を知ることで人間とは何かを知ることができ、相手を知り、相手の立場に立って考えることができるようになるのです。

相手を理解できてこそ、「こういう方なら、こういう言葉がよいのではないか」ということが分かってきます。

「どれだけ人を理解できるか。世の中には多くの種類の人間が存在するということを、どれだけ知っているか」ということが大事です。湖に、たくさんの種類の魚がいるように、人間にもたくさんのタイプがあり、それぞれの人のタイプによって、悩むことや悩み方が違うのです。

たとえば、励まされると元気になり、すぐに立ち直る人もいますが、逆に、励まされると、「とてもついていけない」と考えて自殺してしまう人だっているのです。

相手の人がどのようなタイプかが分かるようになるためには、経験知を増やしていくしか方法はありません。そのためには、相手を理解する努力が大事なのです。

『幸福へのヒント』218-219ページ

伝道をたくさんしていると、いろいろなタイプの人がいることが分かってきます。そして、タイプによって一定の方法論があります。たとえば、心が傷つき自虐的になっている人には愛の教えや感謝の教えが必要です。こうした方法論は伝道すればするほど身についていくのです。

最後は「愛」と「情熱」

伝道していると仏法真理を学ぶときの姿勢も変わっていきます。自分のためだけでなく、人を救うために経典を読むという姿勢です。

「伝道」とは、料理を他の人に出すことです。（中略）料理の腕が悪ければ、喜んで食べてはもらえません。料理の腕を上げ、喜んで食べてもらうためには、何が必要でしょうか。それは「愛」です。「相手にほんとうに喜んでもらいたい」という気持ちです。この愛があればこそ、よい料理ができるのです。

『伝道論』184-185ページ

経典を読むときも、「この一文はAさんにとっていいな」「ここはBさんに伝えよう」などと考えながら線を引き、付箋をつけていってください。そして折を見て相手にそれを伝えてあげてください。そうして、相手の悩みにあわせたアドバイスができるようになっていきます。

その人その人で、いろいろと悩んでいるものがあると思います。したがって、その悩みに合った教えから勧めていくことが大事だし、欲張らないことも大事かと思うのです。

『宗教としての包容力』１４２ページ

悩みは人それぞれです。全員に対して同じように先祖供養の大切さを説いても、夫婦関係に悩んでいる人や、経営で悩んでいる人の心には響きません。

一度にすべてを伝えようとするのではなく、相手の悩みにあった分だけ伝えていくのです。

仏教の言葉では「応病与薬（おうびょうよやく）」といいますが、病院でも病気にあわせて処方する薬を変えます。それと同じで、相手の悩みにあわせた法を伝えられるように探究・学習をしていきましょう。

その上で、天上界からのインスピレーションを受けることも大事です。インスピレーションに満ちた言葉には、感動を与え、心を震わせる力があります。相手の心に残る言葉が出てきます。

そして、最後に大切になるのは情熱です。

伝道は理屈でも論戦でもありません。たとえ論理で戦って勝ったとしても、伝道は進みません。逆に言い負かされたことによる反発心を招くだけです。

理詰めの説得に限界を感じたら情熱をぶつけてみるのも手です。


頭がよすぎる人には、弱点があって、「理詰めで相手を攻め落とせなかったら、

勝てない」と思ってしまうところがあるのです。

したがって、そうしたときには、「〝野蛮人〟に変化する」という手があります。「理論的に説得し、理屈を納得してもらって、相手を落とす」というやり方に限界があると見たときには、あきらめて開き直ることです。そして、〝野蛮人〟と化し、捨て身になって、「もう本心を言うけどね」という感じで、本音をバンッとぶつけることです。

『伝道Q＆A』89ページ

「本当にあなたを幸福にしたいのだ」「どうか私の思いを受け止めて三帰してください」というような真心からの情熱が、相手を揺り動かしていくのです。

4. 伝道にトライしたあなたへ

心に傷を残さない

ここからは、伝道に踏み出したけど断られてしまったり、もっと伝道力を磨きたいと思っている方へのヒントになることをお伝えしていきたいと思います。

勇気を出して伝道しても、反対されたり、傷つくようなことを言われたりするかもしれません。そういうとき、どうすればよいのでしょうか。

立ち直る早さが大事です。

つまり、マイナスの言葉を受けたら、「プラスの言葉で応戦する」、あるいは、

「自分で自分を励ます」ということが大事なのです。人から励ましてもらおうとすると、手間がかかるので、人の励ましは求めず、自分で自分を励ましてください。夜、家に帰り、真理の本を読みながら、自分で自分を励まし、「よし、明日も頑張るぞ！」と決意していただきたいのです。

『伝道Q＆A』75ページ

伝道していて、心ない言葉を投げつけられたり、献本していて、ものすごく恥ずかしい思いをさせられたり、いろいろなことがあるでしょうが、そういうときには、家に帰ってから、経文を読んでみたり、守護霊に祈願してみたりして、もう一段、力の充電をしてくだされば結構です。

『宗教としての包容力』170ページ

伝道は外向きの活動で、光のエネルギーを使いますから、お祈り、教学、精舎研修、法談などを通じた光の充電は必須になります。充電をせずに放っておけば、自分の中で失敗体験がだんだん大きくなって苦手意識になってしまいますので、注意してください。

逆に、自分がトライしたことから教訓を見出せば、今後の伝道に生かせる智慧がドンドン貯まってきます。

一つひとつの伝道行為を、心のなかでよく整理し、
「自分は何を学んだのか。
自分は、どの点において成功し、
どの点において失敗したのか」ということを深く知って、
心のなかに蓄えることだ。
それは、だれにも譲ることのできない、
自分自身の貴重な記録となるであろう。

それを積み重ねていくのだ。
そのとき、大いなる智慧が、伝道を通して現われてくるであろう。
伝道のなかに智慧の輝きが現われ、
その智慧の輝きが冠となって、
あなたの頭を覆うことになるだろう。
それが勝利のしるしなのだ。

『伝道論』118-119ページ

このように、伝道における成功体験、失敗体験の一つひとつを反省して、「魂の糧」としていくべきです。

そして、自分の中に、強い信念・信仰心をはぐくんでください。

「本気で真実を伝えている人を中傷し、批判し、非難し、揶揄し、からかうならば、その言葉はすべて、それを発した人自身に跳ね返っていきます」（『伝道論』

193ページ）と教えていただいています。人には良心がありますから、本気の信念を持って伝道している人をばかにし続けることはできないのです。

伝道力アップの方法A　異次元パワーを使う

伝道を進めていくときに忘れてはならないことは、「異次元パワー」です。

大川総裁は、伝道における霊能力の必要性を次のように説かれています。

結局、「これからの伝道には霊能力も使いなさい」と言っているのです。「神秘の力を使いなさい」と言っているのです。「もう、この世的なセールストーク、セールスマンの営業トークで伝道しようと思うな」と言っているのです。

要するに、「もっと異次元の力を引っ張ってきなさい。異次元と一体になりなさい。主と一体となり、幸福の科学の指導霊団、支援霊団と一体となり、あなたの守護・指導霊と一体となり、法友たちの力とも一体となり、そうした大きな精神的力でもって、この世の闇を打ち破っていきなさい。そういう強い力を持つことが大事である。だから、もう人間力で戦おうと思うな」ということです。

『異次元パワーに目覚めよ』49ページ

伝道は、非常に霊的なものです。相手に悪霊がついていれば伝道は失敗しやすくなりますし、相手の守護霊が応援してくれていれば伝道は意外なほどスムーズに進んでいきます。こうした霊的戦いに勝つためには異次元パワーが必要です。

支部で活動していると、皆の思いが天上界につながったとき、異次元パワーが流れ出します。すると、次々と奇跡が起こり、どんどん伝道が進んでいくのです。

これを皆さまにも体験し、確信していただきたいと思います。宗教などまるで信じそうになかった人が、支部の宗教的な磁場の中でころっと変わり、涙を流して三帰するというようなことも実際にあります。天上界の力が働いたとしか思えない体験をするのです。

異次元パワーを使うために必要なのは、「信仰心の確立」「祈り」「思いの力」です。

人と会って伝道するときには、事前に、しっかりとお祈りをし、霊力を蓄えてから、お会いするとよいのです。そして、自分が自分でなくなるときを感じ取れるようになるとよいのです。

「私が伝道しているのではない。主が私と共にあって伝道しているのだ。幸福の科学指導霊団が一体となって応援してくださっているのだ」と思って人と接すれば、思わず知らず、次から次へと、聖なる言葉が口をついて出てきて、相手の心を開いていくので、「自分の力で戦おう」と思う必要はありません。

『異次元パワーに目覚めよ』51ページ

信仰心や祈りの力、思いの力といったものは、目には見えませんが、具体的な力を持っています。祈りは必ず聞き届けられていますし、伝道をサポートしてくださっている存在もいるのです。

ですから、伝道のあとは、感謝の祈りを忘れないようにしましょう。

体験談 2

「お祈り」と「教学」を習慣化したら御生誕祭のお誘いに成功!

私は現在、東京の女子大に通っていますが、幸福の科学学園出身のため、大学の友人への自己紹介が自然と信仰告白になることがあります。人によって、いろいろな反応がありますし、正直に言って幸福の科学学園とのギャップや宗教に対する偏見に落ち込むこともありました。

そんななか、二〇一四年の御法話「驚異のリバウンド力」において、大川隆法総裁先生に直接質問させていただいたことが、自分を変えていくきっかけとなりました。

そのとき、総裁先生からは、**「宗教的生活が〝ガソリン〟になる」**など、情熱を維持する方法についてご教示いただきましたが、その後、実際に実践してみて、本当にそのとおりだと実感したのです。

お祈りや教学、学生局での活動が習慣化すると、以前より「強い自分」になり、何とかめげずに幸福の科学の活動を続けることができるようになりました。特に、**「成功のための祈り」が大好きで、伝道する前など、大事なときには必ず読誦するようにしています。**

また、私には、以前から学生局の行事などにずっとお誘いしている友人がいたのですが、なぜか、毎回、予定が合わず、「もう一歩のところで来てもらえない」ということがありました。

しかし、諦めずに「**今度こそ！**」と思って、二〇一五年の御生誕祭の本会場（さいたまスーパーアリーナ）にお誘いすると、お祈りの気持ちが通じたとしか思えないほどあっさりと、「行ってもいいよ」と言ってくれたのです。

振り返ってみると、**経典を読んだり、学生局で行われている公案研修に参加したりすることで、主のお言葉が深く心に刻まれ、自分のなかにあった伝道への恐怖心が消えていった**ように思います。本当に主のお言葉は〝ガソリン〟だと実感しました。

仏教系の高校に通っていたその友人は、宗教に対する偏見がなく、総裁先生の御法話「人類史の大転換」について、「**時事問題についても触れられていて、とても勉強になった**」と喜んでくれました。

今後も、信仰生活を大切にして、情熱を絶やすことなく、積極的に伝道していきたいと思います。

『宗教としての包容力』178－179ページ

伝道力アップの方法B　押しの強さ

伝道がうまくいかない人の特徴の一つに、押しが弱いということも挙げられます。愛は、優しさだけでは駄目で、時には厳しさも必要なのです。

もし、「相手が間違っている。このままでは崖から落ちる」「このままでは悪が増長してしまう」と分かっているならば、たとえ相手が「大丈夫だ」と言っていても手を差し伸べるのが愛なのです。そこには、「ミッションに関しては譲らない」という強い姿勢が必要です。

やはり、広げようと思わない宗教というのは、基本的に、駄目な宗教なんですよ。広げようと思わないということは、「『自分たちの宗教の教えは、あまりいい教えじゃない』と思っている」ということなんだと思うんですね。（中略）

人を「許す」のも宗教の仕事ではあるけれども、ミッションに関しては、断固許さない部分もあるということですね。間違ったものを許さない、あるいは、イーヴル（邪悪）なもの、デモーニッシュ（悪魔的）なものは断固許さないというようなところもあります。

やはり、「真実はこれだ。正義はこれだ」と思ったときに、譲らないところがなかったら、信仰者としては退転への道を歩むしかないところがあるでしょう。そういう意味での「強さ」は、要ると思うのです。

『宗教の本道を語る』118－121ページ

現代の日本では、宗教への偏見が蔓延（まんえん）していますから、真理をお伝えしようとしても「宗教は嫌いだから」「私はもう幸福だから」と断る方もいるでしょう。そこで必要なのは、切り返しの力です。

幸福の科学のことを批判されたら、逆のことを言うこと、〝逆の釘〟を打ち込んでいくことが大事です。

「悪い宗教だ」と言われたら、「いや、そんなことはないのです。よい宗教です」と答えます。また、「あなたは、宗教にはまって、おかしくなった」と言われたら、「そんなことはありません。私は立派になりました」と答えるのです。この答えには相手はまいるでしょう。

「私の人格は立派になりました。こんなに進歩しました。人の幸福を考えるようになりました。悩んでいる人、苦しんでいる人を見たら、助けたくなりました。人間として、私は進歩しました」

こう言われたら、相手は二の句が継げません。「余計なことを言って、申し訳なかった。ごめんなさい」ということになるのです。

『愛、自信、そして勇気』82－83ページ何を言われても切り返していける力というのは、一つの智慧ですし、智慧は共有すべきです。切り返しの言葉は、「私は正しいものを信じているのだ。なんとしても、この教えを世界中に広げるのだ」という自信と強い信念から来るのです。

伝道は難しいものだと考えすぎないようにしてください。なかなか行動に移せない人の中には、複雑に考えてしまっている人もいます。頭のいい人が意外に伝道できない理由もここです。

すばらしい信仰に出会ったから、この真理を広げたい。だから、伝道するのです。大川総裁からも、「**単純化することによって強さが出てきます**」（『愛、自信、そして勇気』66ページ）と教えていただいています。

ときにはシンプルに突き進む〝猪突猛進（ちょとつもうしん）〟も必要になるのです。

体験談3

押しが弱かった

一度断られると、何も言えずに、すぐに引き下がってしまう——。そんな失敗を、私は今までに数え切れないほど経験してきました。（中略）

（なぜ、いったん断られると、引き下がってしまうんだろう）

考えているうちに、どうやら、（相手からどう思われるだろう。嫌われるんじゃないだろうか）と、相手の反応にビクビクしている自分に気がつきました。

さらに、子どものころから母親に「宗教には絶対に気をつけないとダメよ」と、厳しく言われてきたことも思い出しました。

「人に信仰を強く勧めるのは、あまりよくないことだ」と無意識に思っていたのです。

それからしばらく経ったある日のことです。私は、総本山・正心館の「起死回生（きしかいせい）

の秘法」を受ける機会をいただきました。

そのとき私は、言いようのない感動に包まれました。

「ああ、仏が私を創ってくれた魂の親なんだ。仏の愛で私は生かされている。伝道する相手もみんなみんな仏の子なんだ！」

全身が幸福感に満たされました。心は喜びでいっぱいです。

「仏法真理によって、絶対に幸福になれる！」

この確信が私を変えました。

それからは、伝道するときも、「仏の教えに出会って、幸せになっていただきたい」という愛の念い（おも）が強く出てくるようになりました。

すると、相手の反応が気にならなくなります。

何度断られても、「この教えは素晴らしい」という気持ちを積極的に伝えられるようになってきました。

それから数日後、Oさんにお会いした時のことです。

私は、気軽にOさんを支部に誘ってみました。

「私、支部でいつもボランティアしていて本当に楽しいの。一度来てみない?」

「うん、いいわよ。」

(えっ?)
四、五年もの間、「絶対支部には行かない」と宣言していたOさんのその言葉に、私自身が驚いてしまいました。
数々の失敗体験を通し、信仰に対する確信、そして心からの幸福感が大切であることを、身にしみて学ばせていただきました。

『伝道の失敗学に学ぶ』86–91ページ

伝道力アップの方法C　チームプレー

①チームプレーの力

伝道は、この世の仲間と、天上界の指導霊と、一体となってやるものです。
チームプレーをする理由は大きく分けて二つあります。一つは、大きな仕事をするためです。

水の粒子が結集して河となる姿こそ、三宝帰依の精神であり、
三宝帰依の精神の下に、すべての者が身を寄せ合い、
愛の大河を流していくことが伝道なのだ。
ゆえに、伝道は仲間と離れてひとりだけでするものではない。
多くの者が力を寄せ合って、

この愛の大河を流していくことのなかにこそ、
伝道の真の意義を認めなければならないのだ。
これよりのち、
ともに集い合った者たちが手をつなぎ、力を合わせて、
真の伝道に励む日が続いていくことを、
心より祈念する。

『伝道論』121－122ページ

一人ではできない大きな仕事も、多くの人とチームプレーをすることで成していくことができます。

もう一つは悪魔から身を守るということです。

一般的には、「勝手口から攻める」「はぐれた者を攻める」「弱い者いじめをす

る」というのが、悪魔の基本的なやり方であると考えてよいと思います。
これに対しては、組織で戦うことが大事です。（中略）
「宗教はよいけれども、組織は嫌いだ」という人もいるでしょうが、宗教の組織は、魔軍の攻撃から身を護るために必要なのです。「仲間がいれば、やはり強い」ということです。

『エクソシスト入門』80－81ページ

伝道をしていると、さまざまな失敗や挫折を経験しますが、そういうときこそお互いが助けあい、励ましあっていくことが大切です。それによって、悪のつけ入るスキをなくせます。

私は「納豆的なパワーが要る」ということを言っています。納豆は、豆同士がくっついて、引っ張っても、糸を引いてずっとつながっているでしょう。

人と人との関係においても、個人としては一粒の豆のようなものかもしれませんが、糸がずっとつながっていくように、幸福の科学の信者になったら、個人で動くだけではなく、みな、どこかでつながっていくようにならないと、大きな力にはならないのではないでしょうか。そういうところを、もう少し考えることが大事ではないかと思うのです。（中略）

〝納豆パワー〟によって、全世界に糸をくっつけ、結んでいくことが大事です。個人でバラバラにやっていたのでは、力が大きくなりません。それぞれがつながっていることで大きくなっていくのです。この力がつながってくれば、大きな変身を遂げることができるでしょう。今、カルチャーを変えるべきときが来ているのではないかと思います。

『宗教としての包容力』48 - 50ページ

法友同士の絆は、大きな力になります。ＨＳＵ生だけでも２０１６年の時点で

500名以上になります。この仲間たちと一体となっていくことで怖いものはなくなっていくのです。

②チームの絆を強くするもの

チームプレーをしていくためにはいくつかポイントがあります。

一つは信仰心でつながるということです。

> **信仰心を持っていると、仲間同士でつながっています。例えば、スカイダイビングをしている人たちが、空中で手をつなぎ、円陣を組んだりしながら落下していく姿がありますが、信仰心でつながっている仲間は、それと似たような感じなのです。**
>
> **信仰心を持っているかぎり、天上界とも、教団のトップとも、それから教団の仲間とも、すべてつながるのです。**（中略）

「信仰心とは、ある意味で、宗教におけるチームプレーである」と思ったほうがよいでしょう。

修行には、けっこう個人主義的なところがありますが、信仰心のところでつながっておくことは大事なのです。

『愛、自信、そして勇気』212-213ページ

信仰心があれば、主エル・カンターレや天上界との「縦のつながり」と、仏弟子同士、信者同士の「横のつながり」の両方が生まれていくのです。他の人の成果を褒め、自分のできることをして、「全体の成果」を考えていくこと、それぞれが強みで戦っていくことです。

宗教というのは、外国人まで含めて、いろいろな階層や職歴の人が入ってくるところなのです。（中略）

さまざまな考えを持っている人たちが集まっているのです。

ただ、「修行の場としてのこの世を、何とかして仏国土ユートピアに変えたい」という願いのところでは、みな共通しています。

それぞれが持っている能力・才能・知識・経験等に違いはありますけれども、それぞれに向いた方向で、「自分の強み」を生かしながらやろうとしているところは、みな同じなのです。（中略）

ですから、それぞれの「強み」のところをプラスに使えばよいのです。人間には必ず弱いところもあるし、同じ人間はいないので、「それぞれ、よく見て、意見を言い合い、向いている仕事をお互いに分け合って、やろう」という感じでやっていくのがよいと思います。

『伝道に勝つ遺伝子』96－99ページ

支部でも、「家庭問題はこの人に。教育問題なら学校の教員をやっているあの人に」というように、得意な人に伝道のサポートをしてもらうとうまくいくことが多いのです。一人で伝道するよりも成功したという事例は数多くあります。

養成までが伝道

さて、伝道して相手が三帰誓願されるのは、とても嬉しいものです。しかし、信者になったらゴールではありません。その方にとってはむしろ、出発点です。そこから、「本物の信者」にまでお導きすることが大事です。

私が説いている「与える愛」は、一回きりのものでは決してありません。また、単に物を配って歩くだけのことを言っているのでもありません。

実は、この「与える」という言葉が本領を発揮するのは、そのなかに「育てる」という意味が加わってきたときなのです。「与える」から「育てる」へ――それが素晴らしいのです。

育てるためには、慈愛の目で根気強く見守っていくことが必要です。「単に種をまけばよい。単に水を一回やればよい。単に肥料を施せばよい」というわけではなく、毎日の天候を見ながら、「どうやって作物を守り、見事な実りへと導いていくか」ということを考えつづけねばなりません。

すなわち、不断によき思いを出しつづけること、不断に愛を与えつづけることが大事なのです。愛とは持続であり、忍耐であり、また、あるときには寛容をともなう許しでもあります。なぜなら、愛はその本質において、「育てる」という傾向性を持っているからです。

『伝道論』70－71ページ

一度三帰したからといって、仏法真理のすべてを理解し、悟ったわけではありません。生活上の悩みも一瞬でなくなるわけではないでしょう。皆さまのような立派な信者になっていくためには、継続的なフォローが必要になるのです。

TRY!

光を蓄える

伝道の成功体験、失敗体験を振り返って得た教訓や智慧などを法友と話しあってみよう。また、精舎で祈願や研修を受けて光の充電をなし、天上界の支援の光を感じとってみよう。

【主要参考文献〈大川隆法総裁著作〉】

『光ある時を生きよ』以下、幸福の科学出版
『発展思考』
『信仰と愛』
『仏陀の証明』
『悟りに到る道』
『幸福へのヒント』
『幸福の法』
『ユートピアの原理』
『仏陀再誕』
『経営入門』
『宗教の本道を語る』
『エクソシスト入門』
『伝道に勝つ遺伝子』以下、幸福の科学
『宗教と経営』
『信仰を守る勇気を』
『若き日のエル・カンターレ』

『伝道論』
『宗教としての包容力』
『伝道Q&A』
『異次元パワーに目覚めよ』
『愛、自信、そして勇気』

【その他参考文献】

『伝道の失敗学に学ぶ』幸福の科学 活動推進本部編、2002年、幸福の科学

第6章

世界伝道と世界同時革命

HAPPY SCIENCE

1. 世界伝道によって全世界救済の使命を果たす

幸福の科学における世界伝道の必要性

本章では、改めて世界伝道について学びます。
まず、なぜ幸福の科学が世界伝道を目指すのかを見ていきましょう。

エル・カンターレの位置づけを説明するならば、「仏の要素と神の要素の両方を備えた存在」「仏と神とを合一させた存在」ということになります。「釈尊とキリストを足したような存在」「仏陀と救世主を合わせた存在」と言ってもよいでしょう。

エル・カンターレは、一方では、「悟りを開く」「悟りを求める」ということを中心にして教えを説き、もう一方では、「救世」「人類救済」という観点からも活動しているので、その両方の要素を兼ね備えているのです。

そのため、幸福の科学においては、「仏か、神か」という選択肢はもはや存在せず、仏教も神道もキリスト教も、当会の前では理論的に矛盾しなくなります。

要するに、すべての宗教は幸福の科学の旗の下に帰依することが可能なのです。そして、「すべての宗教は幸福の科学の教えの下に統合することが可能である」という考え方が基礎にあるからこそ、「当会の教えを、日本国じゅうに、そして全世界に伝道する必要がある」という理論的必然性が出てくるのです。

当会の教えが、民族神が教えている宗教であり、日本民族だけの教えであるならば、全世界に伝道することは無理でしょう。しかし、当会の教えは、すべての宗教や宗派を統合する観点から説かれているものであり、高級霊界においては、さまざまな霊人たちが霊系団の枠を超えて当会を支援しているのです。

そうした点から見ても、当会の伝道の射程、目標の範囲が、かなり広く大きなものであることが分かると思います。

したがって、結論を先に述べると、「私たちは伝道を非常に急がなければならない」ということになるのです。

『伝道論』204-206ページ

幸福の科学の本尊である主エル・カンターレは、愛と慈悲、信仰を象徴する「阿弥陀如来的側面（救世主的部分）」と、悟りと修行、霊界の秘儀を象徴する「大日如来的側面（仏陀の本質的部分）」をあわせもった「神々の主」にして地球神です。

そして、主の説かれる教えは「愛・知・反省・発展」の四正道です。この四正道には、すべての人を幸福にする力があります。また、宗教の違いを橋渡しする「愛の発展段階説」や現代性のある発展の教えなど、あらゆる宗教を包み込んでいくことのできる高さ、広さ、そして深さがあります。

その教えの大きさゆえに、幸福の科学のミッションも大きいものです。貧困にあえいでいる国々に対しては「繁栄の法」を弘め、豊かになる方法を伝えねばなりません。また、内紛や、民族や宗教の違いによる紛争、テロに苦しむ国には、神の正義を弘め、平和をもたらす役割があります。

たとえば、アフリカ・ウガンダで信者になった方たちは、「この教えで国をつくることができる」「この教えで私たちは一つになれる」と受け止めていると聞きます。まさしくその通りで、大川総裁の教えには、理想的な国を、世界をつくる原理が入っているのです。

だからこそ、幸福の科学は世界宗教に必ずなるべきなのです。

唯物論文明に終止符を打つ

世界伝道が進んでいく先にあるのは「世界同時革命」です。
この「世界同時革命」とは、「唯物論的価値観、科学万能主義から来る暗黒想念を晴らし、地球の常識を変え、霊性の時代を到来させる」ということです。

二十一世紀の世界の流れは、
すでに見えてきました。
「科学万能の二十世紀がつくり出した大量の暗黒想念を、
いかにして晴らすか」ということが、
次の時代の課題です。

『幸福の革命』 177ページ

今、中国は、世界の覇権を目指してアジアやアフリカ諸国に触手を伸ばし、「赤い同盟」をつくろうとしています。大川総裁は、いち早くその危険性に気づかれ、インドやフィリピン、マレーシアやオーストラリアなどを御巡錫（じゅんしゃく）され、中国包囲網を築いていかれました。

その何年かあとに安倍首相が外交政策として大川総裁と同じ国々を回ったことを見れば、大川総裁の先見性は明らかです。

大川総裁は、教えを通じて、日本と世界を中国の覇権主義や唯物論から守るために身命を賭して戦われているのです。

今、「エル・カンターレ信仰」が起きて、日本の地を覆いつつあります。

幸福の科学は、マルクス革命に代わって、新しい革命、本物のユートピア革命を世界に起こそうとしています。（中略）

「日本で、新しいユートピア運動の原型、核になる部分をつくり、全世界同時幸福革命として、幸福維新を起こしたい」というのが私の願いです。

明治維新も、十年ぐらいで、ほとんど起きたのです。幸福の科学は、これからの十年で、大きく国論を変え、世界に大きな影響を与える宗教に飛翔していきたいと思います。

『政治と宗教の大統合』36－38ページ

このように、主は、マルクス的唯物論文明に終止符を打つ活動を展開されています。

それは、この世だけの活動ではありません。エル・カンターレ意識の御分身が、天上界から地球全体を御指導されていると言われています（たとえばトスは北アメリカ、ラ・ムーはアジア、リエント・アール・クラウドは中南米など）。さらに、霊天上界には500名ともいわれる幸福の科学指導霊団がおられ、私たちとともに活動しています。

今、地上と霊界とが一体となった「世界同時革命」が始まっているのです。知性に偏った物質偏重の文明が終わり、高度な現代文明に霊性が加わった「太陽の時代」が到来するのです。それも、どこかの国だけで起こるのではなく、世界同時に「パラダイムシフト」が起きるときが近づいてきているのです。

2. 世界伝道の法輪輾転

世界宗教の証明

大川総裁は、不惜身命で海外伝道の最前線に立たれ、世界五大陸にわたり、さまざまな国で説法をしてくださっています。

私は、ハワイから始めて、アメリカ、韓国、ヨーロッパ、台湾、オーストラリア、ブラジル、インド、ネパール、フィリピン、香港、シンガポール、マレーシア、スリランカ、アフリカと海外巡錫をしてきました。その結果、「私が『真理だ』と思って話していることは、言語の違う他の国の人々でも、きちんと分かってくれる」

ということを実感しました。「キリスト教徒であろうと、仏教徒であろうと、イスラム教徒であろうと、真理は伝わる」という確かな手応えを感じたのです。

それは、彼らが、長らく続いてきた宗教そのものを文化的背景として学んでいるからだと思います。そうした宗教文化を学んだ者にとって、私が説く教えは、まさしく、現代に説かれるべき真理を含んでいます。だから、心に響くのです。

『されど光はここにある』120ページ

大川総裁が海外へ説法に向かわれると、いかなる国であっても、その場で何百人、何千人、何万人もの人が入信します。ウガンダでは大講演会以降、国営テレビ放送局UBCで幸福の科学の番組が毎週放送され、隣国ケニアでは英語版『常勝思考』『不動心』『成功の法』が公立高校の副読本になっています。

これらも大川総裁が世界教師であることの証明であるといえるでしょう。

仏陀再誕を認めたインド・ネパール

ネパールで御巡錫をされたときは、大川総裁の説法が国営放送で生中継されました。

カトマンズでは、ネパール最大級のホテルで講演会を行い、非常に数多くの人が来てくれました。

ネパールは「仏陀出誕」の地です。そのネパールの国営放送は、約一時間にわたって、私の説法を生中継してくれました。

同じころ、国連事務総長がネパールに来て講演をしたそうなのですが、その国営放送の人は、「先方から、『講演を中継してほしい』という依頼を受けたんですけれども、お断り申し上げました。しかし、仏陀の説法ならば、中継しなければなりません」というようなことを言ってくれたのです。

何ともうれしい一言です。日本全国のみなさんに、ぜひ知っていただきたい一言でもあります。

ネパール国営放送は、「国連事務総長の話よりも、日本からやってきた『再誕の仏陀』の説法のほうが重要だ」と考えたのです。

これが、「宗教国家と、そうでない国家との違い」と言うべきかもしれません。

今回のアジア巡錫では、行く先々で、さまざまなテレビやラジオ、その他の媒体に、講演を流していただいたり、載せていただいたりしましたが、私にとっても、本当に、魂を揺さぶられるようなことを、数多く経験しました。


『エル・カンターレ信仰入門』13－14ページ

さらに、インドのブッダガヤで説法した際には、何万人もの人びとが歩いて会場に集まり、四万人を収容できる会場だったにもかかわらず、三万人くらいの人

2011年3月6日法話「The Real Buddha and New Hope」（真なる仏陀と新たな希望）の様子。

がテントの中に入れずあふれたといいます。

これらの現象は、釈尊の生誕地であるインドやネパールが「仏陀再誕」を認めたということを表しています。

そのときのことを、大川総裁は、

「私は、テレビ中継されていたため、驚いている姿を見せるわけにいかず、暴れている人がたくさんいるのは分かっていましたが、いかに、それに気づかないふりをして説法をするかが大変でした。最終的に、三万人くらいの人がテントの外に溢れたそうで、過去、最大規模の講演会となりました。とてもうれしかったです」

と振り返られています。しかし重ねて、

「この日本との感覚の違いが、何とも言えずうれしくもあり、また、ある意味では、悲しくもある現実として、私の日に映じました」

とも語られました。（『エル・カンターレ信仰入門』16－18ページ）

世界に大きな影響を与えている海外御巡錫

このように、大川総裁の説法は世界に大きな影響を与え始めています。

私が発言すると、そのあと、いろいろと実際に影響が出てきます。

例えば、二〇〇九年に、私はオーストラリアのシドニーで英語説法を行いました。ホテルの客間を借り切った、数百人レベルの会場での講演会で、それほど大きな規模のものではありませんでしたが、当時、九十パーセントの支持率を持っていた、人気のあるオーストラリア首相の政策を、「支持率が高いので、オーストラリアの人たちから怒られるかな」と思いながらも、私は真っ向から批判しました。

なぜなら、その首相は、ものすごく中国に入れ込み、鉄鉱石を採掘させるため、多くの土地を売っていたので、当時は中国がオーストラリアの土地をかなり買いあさっていた時代でした。

その首相が親中政策をとっていたので、私は、それに対する批判を法話のなかに少し入れたのですが、私の説法のあと、オーストラリアは、急に政策を変えて、中国と距離を取り始め、「土地を買い占められないように気をつける」「軍事的な面での防衛も考える」ということを言い出したのです。

彼は、やがて首相を辞任し、その後、外務大臣になりましたが、そういうこともありました。

また、私は二〇一一年には香港（ホンコン）でも英語説法を行いました。

香港の人々は、「共産化した社会で生きていくか。それとも、香港からシンガポールなどへ逃げ出すか」というようなことばかりを考えていたので、私は、「香港が中国を変えよ。中国を香港化せよ。それが、あなたがたの使命だ」というメッセージを発信しました。会場には現地の公安警察も当然入っていたと思いますが、千数百人の聴衆に向けて、そういうメッセージを私は発信したのです。

香港では、その翌年の「香港返還十五周年」の日に、「香港には、『報道の自由』や『出版の自由』『言論の自由』など、自由がなくなってきている。中国は香港返還時に『五十年間は従来の制度を維持する』と言っていたのに、香港は、どんどん変わってきている」という理由で、四十万人によるデモが起きました。

やはり、「私が前年にまいた種が大きくなってきている」という印象を受けています。この動きは、おそらく、台湾にも飛び火するでしょうし、やや遅れて沖縄にも来ると思います。私のまいている種が、その後、動いてきつつあると感じるのです。

『未来の法』192-194ページ

このように、大川総裁の海外御巡錫が、中国の覇権戦略を食い止める影響力を発揮しています。海外巡錫を契機として、大川総裁がまかれた種が実り、世界各国に大きな影響を与えているのです。

世界伝道を後押しするもの

こうした世界伝道を推し進めていくためには、始まりの地である日本国内からの後押しが必要です。

幸福の科学の責任の範囲として、当然、国内全体は入っていますが、私は、国内の伝道の余力をもって、「地の果てまでも伝道せよ」と言っています。したがって、国内だけで力を吸い込んでいるようでは駄目であり、もう少し力が余って、外に出ていけるようでなければいけないのです。

例えば、私が支部巡錫を行う場合、巡錫が決まった支部では、「総裁先生が来るから一生懸命に伝道しよう」と頑張っているようです。それは、ありがたいことではありますが、その反面、私が行かなければ伝道しないのでは少しさみしいものがあります。私の顔を見なくても、支部長の顔を見て伝道するぐらいでなければ、本当は困るのです。そういう感じで伝道の力が盛り上がってこなければいけません。

二〇一〇年には、ブラジル巡錫をして、文字通り地球の裏側まで行ってきました。さらに、二〇一一年には、アジア圏を中心に何カ所かの海外伝道を行いました(二〇一一年三月にはインド、ネパール、五月にはフィリピン、香港、九月にはシンガポール、マレーシア、十一月にはスリランカに巡錫)。

国内のほうが、私が行かないと伝道が進まないような状況であるならば、それは、伝道を頑張っているのか、足を引っ張っているのか、判定が微妙に分かれるところです。

国内が、「総裁が来なければ伝道が進まない。総裁が来るまで待っている」という状態では、私は海外に出るに出られません。「国内のほうは、しっかりと伝道が進んでいますから、心配せずに、どんどん世界のほうへ出ていってください」と

いうぐらいの後押しがあるとありがたいのです。

『異次元パワーに目覚めよ』106-108ページ

「語学が苦手だから自分に世界伝道は関係ない」「海外伝道に行く予定はない」と思われている方もいるかもしれません。たとえそうであったとしても、信者である私たち一人ひとりの前進が世界伝道につながっていきます。

伝道にしても、植福修行にしても、国内を盤石(ばんじゃく)な体制にすることは、海外伝道の力になるのです。海外で伝道活動をしているある出家者は「日本にいると分からないだろうけれども、日本で伝道したり、植福したりしてくださっている一つひとつが、海外ではものすごく大きな力になる」と語っていました。

海外には、貧しくてなかなかお布施(ふせ)が集まらない国もあります。そういった国々に支部精舎や精舎を建立し伝道していくためにも、国内の信者が増え、植福を推し進め、財政的基盤を強くしていく必要があるのです。

伝道に終わりはない

ここまで見てきたように、「世界伝道」は幸福の科学のミッションです。このミッションを果たすまで、伝道に終わりはありません。

幸福の科学が、これから、「未来」に向かって目指していることは何でしょうか。日本一の教団は、世界宗教を必ず目指します。子々孫々、世界宗教になるまで、「撃ちてし止まん」です。

伝道が、あなたがた一代で終わると思ってはいけません。子孫の代、曾孫の代、さらにその下の代まで、伝道を続けなさい。

「世界宗教に、いつなりますか」とか、「どうしたらなりますか」などという質問はしてはなりません。「世界宗教になるまでやりなさい。伝道をやめてはなりません。世界宗教になるまで徹底的にやるのです」。そう述べておきたいと思います。

『「正しき心の探究」の大切さ』46-47ページ

「伝道をやめてはならない。世界宗教になるまで徹底的にやりなさい」

これが大川総裁から私たち仏弟子へのメッセージです。

3. 総括——エル・カンターレの言葉が未来を拓く

「未来は、わが言葉の上に築かれる」

大川総裁はくり返し「未来は、わが言葉の上に築かれていく」と述べられています。大川総裁の言葉とは「神の意志」のことです。

長い歴史の中で、「神のマネジメント」の下に人類は文明をつくってきました。今、その神の意志を直接、言葉として聴ける時代なのです。

本章で、私があえて述べたいのは、

「未来社会は、私の言葉の上に築かれなければならない」ということです。

何度でも述べます。
大切なのは「私の言葉」です。
私の言葉こそが、未来に通ずる、極めて重要な事実なのです。

私の言う「未来の世界」とは、
ビルなどの建物や、
町、都市、国、宇宙の姿のことだけを指すのではありません。
未来の世界が意味するもののなかには、
「あなたがた人間は、
その時、その時代に、世界において、社会において、
どのように生きるべきか」ということが含まれています。
これが未来世界の真の意味なのです。

『救世の法』199-200ページ

言葉や思想には、国の運命をも変える力があります。

たとえば、中国です。

私は、思想的には、発信すべきものを、すでに、かなり発信しているので、あと、必要なのは、「幸福の科学の組織が大きくなり、動いていくこと」と、「世界各地で、どこからでも、攻撃ができる態勢をつくっていくこと」です。

思想的な種は撒(ま)いてあるので、たとえ、どの都市が攻撃されても、ほかのところから、また火の手が上がっていくようになることを祈りたいと思います。

習近平(しゅうきんぺい)氏の守護霊は「大川隆法を暗殺したら終わりだろう」と言っていました。以前、日本のマスコミやオウム教などが考えたことも、そういうことです。

しかし、思想が遺れば、その思想が戦います。二千年間や三千年間は戦える思想は、すでに出してあります。思想は消えないでしょう。「言葉が遺れば、言葉が戦う」と思います。

「未来は、わが言葉の上に築かれる」と私は何度も言ってあるので、私の言葉を頼りにして未来をつくればいいようになっているのです。

彼らとは戦い方が違いますが、「思想戦で包囲されている」ということを、彼らは、まだ十分に分かってはいないのではないでしょうか。これから、思想戦で、ますます包囲をしていきたいと思います。

中国の反日デモのデモ隊が掲げたプラカードのなかにも、「民主」や「自由」という言葉が入っているものがかなりあります。

彼らは、デモをうまく使い、制御しているつもりでしょうが、「それが、いつ本当に政府を倒す運動に変わるか、彼らには分からないだろう」と私は思います。

『中国と習近平に未来はあるか』188-190ページ

大川総裁は毎年、数十冊から百数十冊もの経典を発刊され、多様なる法を説かれています。政治、経済から哲学、宗教、経営などとても幅広く、中には「宇宙人リーディング」まであります。信者の中には「学びきれない」「多すぎて難しい」と言う方もいらっしゃるのですけれども、なぜ大川総裁は、これだけ多くの教えを説いてくださっているのかを考えてみていただきたいのです。

一つにはもちろん、幅広い教えによって現代の全人類を救済したいという思いがあると思います。それと同時に、未来の人類をも救っていくことを視野に入れておられるのです。

世界には、宗教紛争、エネルギー問題、食糧問題、経済不況の問題など、さまざまな問題が起こり、「価値観の衝突」が起きています。また、人工知能の問題、クローン人間、宇宙人との交流の問題など、未来にも新しい問題が起こることが予測されます。大川総裁は、未来永劫を見通し、一千年先、二千年先、あるいはもっと先を見通した上で、一言ひと言を説かれているのです。

このように、エル・カンターレの御言葉には「未来救済の原理」が込められているのです。

未来に主の教えを届ける

今、私たちは、未来文明の「源流」に立っています。私たちの努力不足によって主の言葉が未来に届かないということは、あってはならないことです。

もし、私たちが万一敗れることがあるならば、人びとは、長い長い苦痛と恐怖に満ちた悲惨な生活のなかで、出口なく生き続けてゆかねばならなくなります。世界に異なった価値観が乱立し、お互いに憎しみ合い、傷つけ合い、奪い合うような世界が展開してくることになります。そのようなことは、絶対に、断じて実現させてはならないのです。

たとえこの先、どのようなことが起きてこようとも、我らはその迷妄を、その闇を突き破って、全世界に希望の光を届けねばなりません。

これが、我らがなさねばならない伝道の真なる意味であり、「未来への聖戦」なのです。

聖戦とは、まさしく神のための戦いであります。大いなる正義のための戦いであります。来世紀以降の、二十一世紀以降の歴史をつくるための戦いであります。この戦いにおいては、断じて負けは許されません。また断じて妥協もありません。我らは、この地上にある数十年の人生を惜しいと思ってはなりません。たとえこの肉体敗るるとも、魂は永遠であります。不滅であります。神の戦士として戦い抜いたその魂は、永遠の勝利を手にしているのであります。

『真理文明の流転』174-176ページ

本書では、革命や伝道の大切さを学んできましたが、その理由はここにあります。未来を理想的なものにするのか、苦しみに満ちたものにするのか。それが、私たちの活動にかかっているのです。

その意味で、私たちは「神の戦士」なのです。のほほんと日々を過ごしていればよいのではなく、日々、神のために戦っていくことが期待されているのです。私たち一人ひとりが「救世の主役」であるという意識を強く持ちつづけることが大切なのです。

「全世界の理念、その多様性を統合しながら、未来の人類の行く手を示すことができるのは、やはり幸福の科学しかない。これ以外にはない」と考えてよいと思うのです。だからこそ、私たちはこれだけ頑張っているのです。

もうかなり大きな力になってきました。あと何年かすると、もっともっと影響力が強くなります。会員のみなさんは、どうか自分たちの力を過小評価しないようにに、単純に考えすぎないようにしてください。時代もかなり変わり、幸福の科学の立場も変わってきています。当会はすでにそうとう大きな力になってきています。

どうか、よくよく考えて、「自分も、正しい未来社会を拓いていくための一員なのだ」という自覚を忘れないでいただきたいと思います。くれぐれも、甘えや、「自分だけはどうでもいいだろう」というような考え方を持たないでください。「非常に責任のある立場なのだ。世界に提言していく立場に、もうすぐなってくるのだ」ということを、どうか肝に銘じておいてください。

『未来への挑戦』100-102ページ

未曾有(みぞう)の危機の時代に、解決策はすべて主の御言葉の中に含まれています。私たちは幸福の科学を信じていることに、もっともっと誇りと自信を持つべきです。

「エル・カンターレ信仰」による伝道を

①信仰告白

イエス・キリストを信じる人を増やすのがキリスト教です。あるいは、アッラーの言葉を信じる人を増やすのがイスラム教です。仏陀へ帰依する人を増やしていくのが仏教です。

同じように、主エル・カンターレ、大川隆法総裁先生への信仰を弘めていくのが幸福の科学の信者の使命であり、またHSU生の使命でもあるということです。だから、「私はエル・カンターレを信じています」と信仰告白するところからエル・カンターレ信仰が弘まるし、立ち塞がる魔に対する最大の武器になります。

信仰告白こそが、
立ち塞がる魔に対する最大の武器である。
あなたがたは、「仏・法・僧」を信じている人間であることを、
勇気を持って、実社会において告白していただきたい。
そして、あなたがたが信じる仏とは、
仏陀とキリストを併せて、
それ以上の使命を持ちたる
エル・カンターレであるということを
確信していただきたい。

私は、そのために生まれた。
あなたがたを指導するために――。
あなたがたとともに、

人類を幸福にするために、解放するために、
人類の未来を開くために――。（中略）

いざ、二十一世紀への道を、切り開こうではないか。
信仰とともに歩み、
信仰とともに勇気を持ち、
強くなり、戦い、
そして勝利を得ようではないか。

『信仰告白の時代』46－48ページ

ある悪霊は、霊言で「エル・カンターレという名前を聞いただけでも鳥肌が立つ」ということをこぼしていました（『現代の法難③』28ページ参照）。巨大な光には、名前だけでも悪霊を飛びのかせる力があることが分かります。

信仰告白するということは、私たち一人ひとりが幸福の科学の看板になるということです。信仰告白すれば、相手は、「幸福の科学の人はこんな言葉を出すんだ」「こんな行動をするんだ」と感じます。「幸福の科学の人は、こんなにすばらしいのだ」ということを、全人格で表していかないといけなくなるわけです。すなわち、信仰告白とは、自分自身が発する言葉や行いすべてに責任を持たなければいけないということになるのです。まさしく、「自分自身の姿でもって、全身全霊の伝道」になります。

勇気を持って、信仰告白をしていきたいと思います。

②「主エル・カンターレ」の御名によって伝道が進む

国内でもそうですし、海外もそうなのですが、「エル・カンターレ信仰」を明確に打ち出した所ほど、会員数は伸びています。逆に、それをはっきり打ち出せな

かった所は、会員数の伸びが十分ではないのです。

『逆境の中の希望』113ページ

幸福の科学は海外のさまざまな地域で伝道していますが、以前は、「瞑想を教えるところです」などといって、方便的な内容で伝道していたところもあります。

しかし、大川総裁がハワイへ御巡錫に赴き、その姿でもって「私はイエスの父であり、ムハンマドを地上に送り込んだ存在だ。そして再誕の仏陀だ。その神の名がエル・カンターレである」ということを宣言されました。それに伴い、多くの弟子たちが主の御名を堂々と教えるようになると、飛躍的に伝道が進んでいったのです。

キリスト教圏で「エル・カンターレはイエスが父と呼んだ存在である」と言うと、反発する人もいるでしょうし、勇気のいることです。しかし、伝道というのは、信仰と信仰とのガチンコのぶつかりあいであると思います。そして、信仰の強い方が勝っていくのです。信仰の戦いにおいて、主の御名を隠すということは、それだけでもう負けているわけです。

フィリピンなどでも、「イエスが父と呼ばれた方が、エル・カンターレなのですよ。ハッピー・サイエンスでは、その方を信じなさいと言っています」というだけで、信者になる人が多いといいます（『異次元パワーに目覚めよ』144－147ページ参照）。小乗仏教の国・スリランカでも、大川総裁が講演会を開くと次のようなことがありました。

当日の集会には、一万三千人を超える人たちが集まりましたが、現地の支部長たちは、僧侶の会員たちに、「あなたがたのなかで、上座部仏教が教えるとおり、『仏陀は、死んだら、この世に二度と生まれ変わらない。再誕の仏陀などありえない』と思う人は、どうか講演会に来ないでください」と言ったようです。

しかし、僧侶たちも、次から次へと、私の説法を聴きにやってきました。

その姿を見て、インドのある新聞は、「小乗仏教の国・スリランカも、今、変わりつつある。『仏陀の再誕を認めた』と言わざるをえない」というような記事を、二回にわたって載せたのです。

このように、小乗仏教の国、上座部仏教の国が、今、大きく揺らいでいます。彼らも、心の奥底では、「仏陀に逢いたい！」と思っていたのです。だからこそ、一日で、一万人近くの信者が誕生したのです。

私が説法した時間は、わずか三十分です。それだけ多くの人々が、私の十分でない英語の説法を聴き、一日で信者になってしまったのです。

それは、「言葉は違えども、国籍は違えども、『不惜身命の心で伝道している』ということが、彼らに通じているからだ」と、私は思います。

『エル・カンターレ信仰入門』33－35ページ

このように、世界中の人びとが心の底で、「仏陀に逢いたい」「イエスの父なる存在に逢いたい」と願っているわけです。

世界は、最大の仏陀、最大の救世主の降臨を待っています。

「イエス様が生まれた時代に一緒に生まれていたら、どれだけ幸せであろう」「釈尊が生まれたときに、自分もお話を聴けたらどれだけ幸せであろうか」と思うのと同じく、後世、「主エル・カンターレとともに生まれるのは、どれだけ幸福であるか」と、多くの人びとの羨望(せんぼう)の的になるでしょう。

そうした時代に生まれ、先にエル・カンターレに出会った私たちの責任は、言い尽くせないものがあります。

たとえどのようなことがあっても、
幸福の科学は、
その教えにおいて、
世界の国々の、人々の心を一つに結びつけ、

彼らを、平和と繁栄と神の栄光の下に置くことを
ここに誓います。

今、世界九十カ国以上に、この教えが広がっています。
私の思いは、確実に伝わっています。
「地の果てまでも伝道せよ。」という私の言葉に、
弟子たちは燃え立ち、
その伝道を推し進めているのです。

世界各地に、人々を幸福にするための旗を立て続けます。
どうか、どのような艱難辛苦に遭おうとも、
この新しいハッピー・サイエンスの教えが、
このエル・カンターレ信仰が、

日本の地から起きたことを誇りに思い、
ここを、最終の根拠地として、
「幸福の原点」と変えるべく、
各位、努力されよ！

『エル・カンターレ信仰入門』44－46ページ

いよいよこのエル・カンターレ信仰の下に、全人類は一つとなり、平和裡に地上ユートピア、千年王国をつくっていくことが可能となります。

上巻『救世の時代 来たれり』から引き続き、私たちの使命を学んでまいりました。一言で言うなら、「日本および全世界にエル・カンターレ信仰を打ち立てよ」という言葉に集約されます。

最後に、主の御言葉を引き、本書を閉じたいと思います。

信仰から伝道へ。そしてそれは、幸福の科学が世界宗教へと飛翔することでもあります。全世界の人々に、主エル・カンターレの出現とその使命を告げ知らせなくてはならないのです。地球の歴史上、最高の仏陀、最大の救世主が降臨したのです。

世界はいま、浄化されつつあります。人類は、エル・カンターレを信ずることによって、最終にして、最高、最大の救いを得られるのです。

「我を信じ、集い来よ」――全世界の人々に、このメッセージを伝えてください。

私は、あなたがたの永遠の師なのです。

『太陽の法』３５９－３６０ページ

TRY!

世界宗教への確信

救世事業によって全世界に未来社会を拓くことができるのは「幸福の科学しかない」ということを、説得する論点をまとめてみよう。

【主要参考文献〈大川隆法総裁著作〉】

『幸福の革命』以下、幸福の科学出版
『政治と宗教の大統合』
『されど光はここにある』
『未来の法』
『「正しき心の探究」の大切さ』
『救世の法』

『中国と習近平に未来はあるか』
『真理文明の流転』
『信仰告白の時代』
『現代の法難③』
『逆境の中の希望』
『太陽の法』
『伝道論』以下、幸福の科学
『エル・カンターレ信仰入門』
『異次元パワーに目覚めよ』
『未来への挑戦』

あとがき

「今世、生きる人も、地上を去って地獄に苦しむ人も、来世に生まれてくる人も、すべての人類の救済こそ、われらが悲願である」とは、私たちの永遠の師、大川総裁の御言葉です（『無限の愛とは何か』１５３ページ）。この世とあの世、現在と未来を貫いて、一切の衆生を救わんとする大救世主の大いなる「悲願」がここにあります。

「伝道師として立つ」ということは、主の大いなる使命の一端を担わせていただくことでもあります。本書では、伝道についてかなり踏み込んだことまで述べてきました。それは、未来の菩薩たちに、「救世の主役」を担ってほしいという一心にあります。

伝道には勇気がいります。私自身、学生時代に初めて伝道した時は緊張して、仏法真理の話を切り出すこともなかなかできず、ようやく差し出した経典を持つ手が震えていたことを今でも思い出します。伝道の際、勇気を奮い起こすために、私がいつも心に描いていたのは、大川隆法総裁先生の後ろ姿です。いかなる苦難困難が立ち向かってこようとも、それを見事に砕破し、撃破し、力強く前進し続けておられる主の御姿に、私たち仏弟子はどれだけ勇気と情熱を授かって来たかわかりません。

これから先、「仏国土ユートピア実現」という遠大な目標に対して、自らの力の足りなさを実感する場面も出てくることでしょう。私自身、日々、痛感しています。しかし、今日も一歩、師の後ろ姿に倣い、伝道を進めていくことこそ、私たち仏弟子の使命です。千里の道も一歩から――はるかなる〝愛の大河〟にスプーン一杯分であろうとも、水を汲み続けることで、必ずユートピアに近づいていくのです。

そのためには数多くの「プロの伝道師」を輩出し、ダイナミックな組織戦を展開していくことが急務です。本書を手にとってくださった一人ひとりが「救世の主役」となり、全世界に飛翔していかれることを心の底より願ってやみません。

２０１６年８月25日

ハッピー・サイエンス・ユニバーシティ
バイス・プリンシパル 兼 人間幸福学部ディーン　黒川白雲

編著者＝ 黒川白雲（くろかわ・はくうん）

1966年生まれ。兵庫県出身。1989年早稲田大学政治経済学部政治学科卒業。同年東京都庁入庁。1991年より幸福の科学に奉職。指導局長、活動推進局長、人事局長などを歴任。2014年、東洋大学大学院経済学研究科修了。現在、ハッピー・サイエンス・ユニバーシティ バイス・プリンシパル兼 人間幸福学部ディーン。幸福の科学本部講師。おもな編著書に『救世の時代 来たれり』『HSU 未来をつくる授業』『HSUテキスト5 幸福学概論』（いずれもHSU出版会）、著書に『知的幸福整理学』『比較幸福学の基本論点』『人間とは何か』、共著に『国難に備えよ』『日本経済再建宣言』（いずれも幸福の科学出版）などがある。

「救世の主役」を目指して

実践教学概論（下）

2016年9月12日　初版第1刷

編著者　黒川 白雲

発行　HSU出版会
〒299-4325 千葉県長生郡長生村一松丙4427-1
TEL（0475）32-7807

発売　幸福の科学出版株式会社
〒107-0052　東京都港区赤坂2丁目10番14号
TEL（03）5573-7700
http://www.irhpress.co.jp/

印刷・製本　株式会社　サンニチ印刷

落丁・乱丁本はおとりかえいたします

ISBN 978-4-86395-830-2　C0014

写真 ：© solarseven / Shutterstock.com

HSUの魅力に触れる４冊

未知なるものへの挑戦

新しい最高学府「ハッピー・サイエンス・ユニバーシティ」とは何か

大川隆法 著

HSUの第１回、第２回入学式で創立者・大川隆法総裁がされた法話と、学生との質疑応答を収録。秀才は天才に、天才は偉人に育てるHSUの教育理念がわかる。

1,500円

現代の松下村塾 HSUの挑戦

──開学１年 成果レポート

HSU出版会 編

HSUの宗教教育や語学教育、各学部の研究成果から、寮生活、学生の体験談、地元の声まで、等身大のHSUの姿をレポートしたビジュアルブック。

1,000円

HSU 未来をつくる授業

世界に貢献する人材を育てる

黒川白雲 編

「こんな授業が受けたかった!」感動の涙と拍手が沸き起こるHSUの講義を、人間幸福学部、経営成功学部、未来産業学部から計６コマ収録。

1,100円

HSU生としての学習作法

大川真輝 著

全国の支部・精舎で頒布中　　定価3,000円（税込）

大学生になったらはじめに知っておきたい時間の使い方、履修の仕方やアルバイト、恋愛、将来の夢への考え方まで言及した、学生必携の一書。

価格は税別／いずれもHSU出版会

人間幸福学部ディーン黒川白雲 著作群

救世の時代 来たれり

実践教学概論（上）

おすすめ

黒川白雲 編著

1,100円

プロの伝道師になるための力強い言葉に満ちた、宗教活動の手引きとなる一書。戦後最大規模の宗教・幸福の科学の歩みを赤裸々に語る。

知的幸福整理学★

「幸福とは何か」を考える

黒川白雲 著

1,200円

世界的に流行する「幸福論」を概観し、膨大な「幸福学」を一冊でざっくり整理。最終結論としての幸福の方法論を示す。

比較幸福学の基本論点★

偉人たちの「幸福論」を学ぶ

黒川白雲 著

1,200円

ソクラテス、キリスト、ヒルティ、アラン、孔子、ムハンマド、釈尊の幸福論を解説した、偉人たちの「幸福論」の“ガイドブック”。

人間とは何か★

幸福の科学教学の新しい地平

黒川白雲 著

1,200円

哲学、心理学、生物学の博士らとの対談を通じ、学問における“人間機械論”の迷妄を打ち砕く。「新しい人間観」を提示した、チャレンジの一書。

HSU 人間幸福学部シリーズ

宗教対立を克服する方法

幸福の科学的「宗教学」入門

最新刊

金子一之 著

1、100円

なぜ、宗教同士で争うのか？　神は戦いを望んだのか？世界宗教の膨大な背景知識とその分析がコンパクトにまとめられた、新しい「宗教学」の手引書。

「自分の時代」を生きる★

霊的人生観と真の自己実現

金子一之 著

1、100円

「誰でもなりたい自分になれる」をテーマに、心の力の使い方や自己実現の方法を、実践できるかたちで詳しく解説。

HSUテキスト1

創立者の精神を学ぶⅠ

HSUテキスト2

創立者の精神を学ぶⅡ

金子一之 編著

1、500円

全学必修テキスト。HSUの創立者・大川隆法総裁の精進の姿勢に学び、セルフ・ヘルプの精神、チャレンジ精神を身につける。

HSUテキスト4

基礎教学A　基本教義概論

金谷昭／今井二朗／金子一之 編著

1、500円

全学必修テキスト。幸福の原理、法シリーズ、原理シリーズ、根本経典に込められた意味など、幸福の科学教学の土台を学ぶ。

価格は税別／★は幸福の科学出版、他はHSU出版会

HSU 人間幸福学部シリーズ

HSUテキスト５

幸福学概論

真なる幸福とは何か

黒川白雲 編著

近年、研究が進む「幸福学」に心理学、経営学、哲学など従来の学問に「幸福の科学教学」を融合し、新しい「幸福学」の枠組みを提示する。

HSUテキスト８

基礎教学B

『太陽の法』徹底マスターを目指して

今井二朗／金子一之 編著

超人気授業「基礎教学Ａ」に待望の続編。幸福の科学の基本経典『太陽の法』を習得するための仏法真理入門テキスト。

HSUテキスト10

教学の深め方

魂を輝かせる智慧の力

樅山英俊 編著

全学必修テキスト。幸福の科学教学の勉強方法をかみ砕いて解説。「教学論文への取り組み」「経典読破おたすけリスト」つき。

HSUテキスト14

応用教学A 『黄金の法』徹底マスターを目指して（西洋編／東洋編）

松本智治 編著

偉人の魂の傾向を知り、神の世界計画を学ぶことができる。世の歴史書にはない、深みある歴史を学べる一冊。生まれ変わりの最新情報を反映。

いずれも1,500円（税別）／HSU出版会

学部のご案内

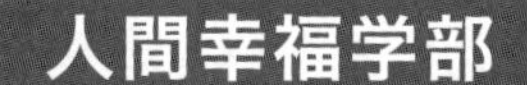

人間幸福学部

人間学を学び、新時代を切り拓くリーダーとなる

人間の本質と真実の幸福について深く探究し、
高い語学力や国際教養を身につけ、人類の幸福に貢献する
新時代のリーダーを目指します。

経営成功学部

企業や国家の繁栄を実現する、起業家精神あふれる人材となる

企業と社会を繁栄に導くビジネスリーダー・真理経営者や、
国家と世界の発展に貢献する
起業家精神あふれる人材を輩出します。

未来産業学部

新文明の源流を創造するチャレンジャーとなる

未来産業の基礎となる理系科目を幅広く修得し、
新たな産業を起こす創造力と起業家精神を磨き、
未来文明の源流を開拓します。

未来創造学部

時代を変え、未来を創る主役となる

政治家やジャーナリスト、ライター、俳優・タレントなどのスター、
映画監督・脚本家などのクリエーターを目指し、国家や世界の発展、
幸福化に貢献できるマクロ的影響力を持った徳ある人材を育てます。

キャンパスは東京がメインとなり、２年制の短期特進課程も新設します（４年制の１年次は千葉です）。2017年3月までは、赤坂「ユートピア活動推進館」、2017年4月より東京都江東区（東西線東陽町駅近く）の新校舎「HSU未来創造・東京キャンパス」がキャンパスとなります。

入会のご案内

あなたも、幸福の科学に集い、
ほんとうの幸福を見つけてみませんか？

幸福の科学では、大川隆法総裁が説く仏法真理をもとに、
「どうすれば幸福になれるのか、また、
他の人を幸福にできるのか」を学び、実践しています。

大川隆法総裁の教えを信じ、学ぼうとする方なら、どなたでも入会できます。入会された方には、『入会版「正心法語」』が授与されます。（入会の奉納は1,000円目安です）

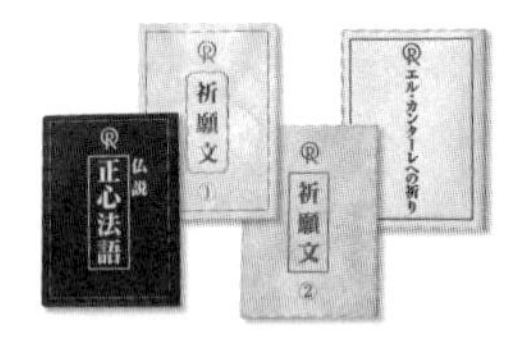

仏弟子としてさらに信仰を深めたい方は、仏・法・僧の三宝への帰依を誓う「三帰誓願式」を受けることができます。三帰誓願者には、『仏説・正心法語』『祈願文①』『祈願文②』『エル・カンターレへの祈り』が授与されます。

ネットからも入会できます

ネット入会すると、ネット上にマイページが開設され、
マイページを通して入会後の信仰生活をサポートします。

01 幸福の科学の入会案内ページにアクセス

happy-science.jp/joinus

02 申込画面で必要事項を入力

※初回のみ1,000円目安の植福（布施）が必要となります。

ネット入会すると……

- 入会版『正心法語』が、ダウンロードできる。
- 毎月の幸福の科学の活動トピックが動画で観れる。